ROMANS

COLLECTION HETZEL

BLACK

par

ALEX. DUMAS

II

Édition autorisée pour la Belgique et l'étranger,
interdite pour la France.

BRUXELLES,
MELINE, CANS ET COMPAGNIE,
Boulevard de Waterloo 35.
1858

VOYAGES — HISTOIRE — POÉSIES

BLACK.

BRUXELLES. — TYP. DE J. VANBUGGENHOUDT,
Rue de Schaerbeek, 12.

COLLECTION HETZEL.

BLACK

PAR

ALEXANDRE DUMAS.

II

Édition autorisée pour la Belgique et l'étranger,
interdite pour la France.

BRUXELLES,

MELINE, CANS ET COMPAGNIE,
Boulevard de Waterloo, 35.

1858

I

— L'homme propose et Dieu dispose. —

Trois années s'écoulèrent dans ce paradis terrestre ; au bout de ces trois années, Dieudonné était, non pas guéri tout à fait, mais presque guéri de cette mélancolie profonde qu'il avait emportée de France.

Tout l'honneur de cette quasi-guérison morale devait revenir au capitaine, comme l'honneur de la guérison physique revenait au médecin. Il est vrai que l'un comme l'autre avait employé les moyens que mettait sous sa main la mère nature ;

mais ces moyens n'étaient, à tout prendre, que les médicaments; le guérisseur véritable était celui qui en avait dirigé l'emploi.

Le chevalier paraissait donc heureux; s'il prononçait encore le nom de Mathilde, ce n'était plus qu'en rêve. Réveillé, sa volonté était plus forte, et, si ce n'était pas une guérison, c'était au moins une victoire.

Pas une seule fois, pendant ces trois ans, il n'avait été question du retour du chevalier en France, et pas une seule fois le chevalier n'avait paru, sinon s'en souvenir, du moins la regretter.

Il est vrai que, pendant ces trois années, le capitaine, constamment à l'affût de ce qui pouvait distraire son ami, inquiet de ce qui pouvait lui plaire, occupé de lui conserver les petits soins et les prévenances auxquels son éducation et son ménage l'avaient habitué, n'avait jamais laissé son front s'assombrir sans essayer de le dérider, en retrouvant quelque épave de l'humeur joyeuse de sa jeunesse; enfin, Dumesnil n'était jamais resté une minute au-dessous du rôle que le remords lui avait imposé.

Avec les tendances affectueuses du chevalier de la Graverie, on doit comprendre combien l'ami auquel il devait le repos de son cœur lui était devenu cher, et surtout nécessaire.

Le grand enfant avait toujours besoin d'une mère, ou tout au moins d'une nourrice.

Aussi Dieudonné avait-il perdu complétement l'habitude de se diriger moralement et physiquement lui-même ; il vivait, aimait, jouissait pour lui seul.

Le capitaine seulement était obligé de penser pour deux.

Un soir qu'ils se promenaient ensemble, le capitaine fumant, le chevalier grignotant des morceaux de sucre au milieu de cette adorable population féminine qui demandait à l'un le superflu de ses morceaux de sucre, à l'autre le reste de ses bouts de cigare, de temps en temps un petit verre de cognac par-dessus le marché, et rendait en échange de tout cela le parfum, les baisers et l'amour, le capitaine se trouva tout à coup indisposé.

Dumesnil, qui était d'une santé herculéenne, ne fit aucune attention à ce malaise et voulut continuer sa promenade ; mais, au bout d'un instant, les jambes lui manquèrent, la sueur couvrit son front, et il se sentit une telle faiblesse, que, pour qu'il ne tombât point, on fut obligé de lui apporter une chaise, tandis que son ami le soutenait.

Il n'y avait point à lutter : une maladie quelconque se déclarait avec une intensité de symptômes effrayante.

Le chevalier demandait un médecin à cor et à cris.

A cette époque qui précédait l'invasion anglaise et le protectorat français, il n'y avait pas de garnison dans l'île, et, par conséquent, pas de médecins, sinon les charlatans indigènes qui, à l'aide de certaines herbes et de certaines paroles, prétentendaient guérir, et guérissaient peut-être—s'il est une hypothèse où le doute soit permis, c'est celle-ci — comme des docteurs à bonnet.

Mahaouni, toujours disposée à rendre au chevalier tous les services qui étaient en son pouvoir, offrit d'aller chercher un de ces empiriques ; mais le chevalier, qui était arrivé à parler couramment la langue taïtienne, déclara que c'était un médecin européen qu'il voulait, français si c'était possible, et que, comme il y avait des bâtiments de toutes nations dans le port, et entre autres un bâtiment français signalé de la veille, c'était à ce bâtiment qu'il fallait aller demander secours.

Mahaouni se fit répéter deux ou trois fois le mot médecin en français, parvint à le prononcer d'une façon intelligible, et, prenant sa course, elle alla piquer une tête au-dessus de la grotte que nous connaissons, et nagea avec la rapidité d'une dorade vers le bâtiment que son pavillon tricolore signalait comme français.

Cette dernière ligne indique que, pendant le séjour du chevalier à Taïti, la révolution de 1830 s'était opérée ; mais ce changement, qui, si le chevalier fût resté en France, eût, selon toute probabilité, bouleversé bien des choses dans sa vie, passa pour lui presque inaperçu, à trois mille cinq cents lieues qu'il était de Paris.

En arrivant dans les eaux du *Dauphin*, c'était le nom du brick français, Mahaouni sortit son beau torse de l'eau, et cria de toutes ses forces, quoique avec un accent d'une douceur suprême :

— Un *midissin !* un *midissin !*

Malgré le léger changement que la Taïtienne avait fait dans le mot, le capitaine comprit parfaitement ce que demandait la passagère ; il crut que la reine Pomaré était malade, et ordonna au docteur du *Dauphin*, jeune homme de vingt-six à vingt-sept ans, qui en était à son premier voyage, de se rendre à terre.

Lorsque Mahaouni vit descendre le canot et, dans le canot, le médecin, elle devina qu'elle était comprise, et, quelques instances que pût lui faire le jeune docteur pour la déterminer à revenir avec lui dans la barque, elle plongea, reparut à vingt pas, replongea encore pour paraître plus loin, et, bien avant la barque et les quatre rameurs, elle aborda à Papaéti.

Puis, aussitôt, elle courut à la case des deux amis, l'une des plus proches du rivage, et leur cria :

— *Midissin ! midissin !*

Après quoi, elle revint sur la plage pour guider le docteur.

La barque avait en quelque sorte suivi le sillage tracé par la jeune nageuse, et elle arrivait au bord comme celle-ci y revenait elle-même.

Le jeune docteur sauta à terre, suivit son guide et en quelques secondes fut à la porte de la case.

Le chevalier s'élança au-devant de lui, et, tout en lui présentant ses excuses pour le dérangement qu'il lui causait, le conduisit au lit du capitaine.

Le docteur, en voyant qu'il avait affaire à des Français, comprit comment la messagère s'était adressée au *Dauphin*, de préférence à tout autre bâtiment.

Il ne fit donc aucune question et s'avança droit au malade.

— Comment ! dit-il, c'est vous, capitaine ?

Le capitaine, déjà en proie à une prostration presque complète, ouvrit les yeux, reconnut à son tour le docteur, sourit, lui tendit la main, et, avec effort :

— Oui, c'est moi ; vous voyez, dit-il.

— Sans doute, que je vois, dit le docteur ; mais ce ne sera rien. Du courage ! Qu'éprouvez-vous ?

Le chevalier avait bonne envie d'interroger, de demander comment le docteur et le capitaine se connaissaient ; mais, voyant que le capitaine s'apprêtait à dire ce qu'il éprouvait, il remit à plus tard les questions.

— Ce que j'éprouve, dit le capitaine, c'est assez difficile à dire. J'ai été pris tout à coup d'un malaise suivi d'une prostration qui m'a forcé de revenir à la maison et de me mettre immédiatement au lit.

— Et depuis que vous êtes au lit ?

— J'ai éprouvé des soubresauts, des tremblements de membres, des alternatives de frissons et de chaleurs sèches.

— Un verre d'eau, demanda le docteur.

Puis, le présentant au malade :

— Essayez de boire, dit-il.

Dumesnil avala quelques gorgées.

— Tout me répugne, dit-il, et, d'ailleurs, j'avale difficilement.

Le docteur appuya deux doigts un peu au-dessous de l'estomac.

Le malade jeta un cri.

— Vous n'avez pas encore éprouvé le besoin de vomir ? demanda le docteur.

— Pas encore, répondit le malade.

Le docteur chercha des yeux du papier et une plume. Il n'y avait, bien entendu, ni papier ni plume dans la case.

Dumesnil demanda son nécessaire de voyage.

On le lui apporta.

Il en portait la clef suspendue à son cou.

Le capitaine ouvrit avec précaution, et, comme s'il contenait des choses que l'on ne devait pas voir, son nécessaire de voyage ; il en tira du papier, de l'encre et une plume qu'il donna au docteur, lequel écrivit quelques lignes et demanda qui pouvait porter le billet au canot.

C'était un ordre à son aide de prendre dans la pharmacie du brick et de lui envoyer, à l'instant même, du laudanum, de l'éther, de l'eau de menthe et de l'ammoniac.

Comme Mahaouni ne pouvait pas donner les renseignements nécessaires aux rameurs, ce fut le chevalier qui se chargea de porter le billet à la barque.

Il donna un louis aux quatre matelots pour qu'ils fissent diligence, et ceux-ci enlevèrent le bateau, qui glissa immédiatement sur la surface unie de la rade, pareil à ces araignées aux longues pattes qui égratignent la surface des lacs.

Puis il revint à la case.

Le docteur était absent ; le chevalier s'enquit où

il était allé ; il s'était fait, par l'intermédiaire du capitaine, indiquer la rivière.

Le chevalier avait hâte de lui parler à lui seul.

Il s'élança sur sa piste, et le trouva dans l'eau jusqu'aux genoux et cueillant une herbe que l'on appelle le poléon de rivière.

— Ah! docteur! lui dit-il, je vous cherchais.

Le docteur salua le chevalier et se remit à sa besogne, en homme qui comprend qu'on vient lui demander des renseignements et qui sent qu'il n'en a pas de bien excellents à donner.

— Vous connaissez donc le capitaine Dumesnil? insista le chevalier.

— Je l'ai vu hier pour la première fois à bord du *Dauphin*, répondit le docteur.

— A bord du *Dauphin!* Et qu'allait-il faire à bord du *Dauphin?*

Il venait voir si nous n'avions pas de nouvelles de France, et il tenait tellement à parler à l'un de nos passagers, que, quoique nous l'ayons prévenu qu'il y avait la fièvre jaune à bord, il a insisté pour monter.

Ces mots du jeune docteur furent un éclair pour le chevalier.

— La fièvre jaune! s'écria-t-il. C'est donc la fièvre jaune qu'a Dumesnil?

— J'en ai peur, répondit le jeune homme.

— Mais de la fièvre jaune, balbutia Dieudonné, tout frissonnant, on en meurt.

— Si vous étiez la mère, la sœur ou le fils du capitaine, je vous répondrais « Quelquefois ! » vous êtes homme, vous n'êtes que son ami, je vous répondrai : « Presque toujours ! »

Le chevalier poussa un cri.

— Mais, demanda-t-il, êtes-vous sûr que ce soit la fièvre jaune ?

— J'espère encore que c'est une gastrite aiguë, répondit le docteur ; les premiers symptômes sont les mêmes.

— Et d'une gastrite aiguë, vous le sauveriez !

— J'aurais du moins plus d'espoir.

— Oh ! mon Dieu ! mon Dieu ! fit le chevalier en fondant en larmes.

— Le jeune médecin regarda cet homme qui pleurait avec les sanglots et l'abondance de larmes d'une femme.

Le capitaine est-il donc votre parent ? demanda-t-il ?

— C'est bien plus que mon parent, dit Dieudonné ; c'est mon ami.

— Monsieur, dit le jeune homme, touché de cette grande douleur et tendant la main à Dieudonné, du moment où vous vous êtes adressé à moi, vous pouvez être sûr que les soins ne manqueront pas à votre ami. En France, les Français ne sont les uns pour les autres que des compatriotes ; à l'étranger, ce sont des frères.

— Oh ! mon Dieu ! mon Dieu ! pourquoi allait-il à bord de ce bâtiment ? pourquoi ne m'y envoyait-il pas ? S'il m'y avait envoyé, c'est moi qui serais malade et non pas lui ; c'est moi qui mourrais et non pas Dumesnil.

Le docteur regarda avec une certaine admiration cet homme qui offrait si simplement sa vie à Dieu, en échange de celle de l'homme qu'il aimait.

— Monsieur, lui dit-il, je vous répète que je n'ai pas encore perdu tout espoir. Ce peut être aussi bien une gastrite aiguë que la fièvre jaune, et, si c'est une gastrite aiguë, avec des saignées nous en viendrons à bout.

— Quel est donc ce passager auquel il avait tant à faire ?

— Un de ses amis.

— Dumesnil n'avait pas d'autre ami que moi, comme je n'avais pas d'autre ami que lui, dit mélancoliquement le chevalier.

— Ils se sont cependant embrassés, dit le docteur, comme deux hommes enchantés de se revoir.

— Et comment s'appelle cet homme ? demanda le chevalier.

— Le baron de Chalier, dit le docteur.

— Le baron de Chalier, le baron de Chalier... Je ne connais pas cela. Ah! pourquoi ne m'envoyait-il point parler à ce maudit baron de Chalier?

— Parce que, sans doute, fit le jeune docteur avec intention, il voulait lui parler lui-même, parce qu'il ne voulait probablement pas que vous connussiez la démarche qu'il accomplissait; ce qui fait que je vous prierai de ne pas lui dire un mot de mon indiscrétion, attendu que, dans l'état où il est, la moindre contrariété peut lui être fatale.

— Ah! monsieur, soyez tranquille, dit le chevalier en joignant les mains, je ne lui en soufflerai pas un mot.

On rentra dans la case; le chevalier alla prendre les mains brûlantes de son ami sans s'inquiéter d'autre chose que de l'état dans lequel il était.

— Eh bien, demanda-t-il, comment te trouves-tu?

— Mal. J'ai d'horribles douleurs à l'épigastre.

— Je vais vous saigner, dit le docteur.

Puis, s'adressant à la Graverie:

— Chevalier, dit-il, faites bouillir cette herbe dans un litre d'eau.

Le chevalier obéit avec la passivité d'un enfant et l'empressement d'une garde-malade.

Pendant ce temps, le docteur bandait le bras du malade et préparait sa lancette.

Les veines du bras se gonflèrent.

— Chevalier, dit le docteur, laissez le soin de la tisane aux femmes, et tenez la cuvette.

Le chevalier obéit.

Le docteur piqua la veine; mais il y avait déjà un si grand trouble dans l'organisme, que le sang hésita à sortir.

Il fit l'incision plus profonde.

Cette fois, le sang vint, mais noir et déjà décomposé.

Quelques gouttes jaillirent au visage du chevalier.

En sentant la tiède moiteur s'étendre sur son visage, le chevalier se renversa en arrière et s'évanouit.

Le capitaine parut vouloir profiter de la circonstance.

— Monsieur, dit-il au jeune médecin, je suis atteint mortellement, je le sens. Dites, je vous prie, à M. de Chalier que je lui recommande de nouveau l'enfant dont je lui ai parlé hier, et que je le supplie, si le hasard lui fait rencontrer le chevalier de la Graverie, de ne lui en rien dire, à moins qu'il n'y ait pour Thérèse des raisons de la plus haute importance à être reconnue; je le fais juge de ces raisons... M'avez-vous bien entendu et bien compris?

— Oui, capitaine, dit le jeune docteur, qui sentit l'importance de la mission, et je vais tâcher de vous répéter mot pour mot vos propres paroles.

Et il répéta, en effet, sans y rien changer, ni dans la forme ni dans les détails, la recommandation du capitaine.

— C'est bien! dit le malade.

Puis, se retournant vers la jeune fille :

— Mahaouni, dit-il à la Taïtienne, jette de l'eau fraîche au visage du pauvre chevalier.

Mahaouni, qui, accroupie devant le feu et soignant la tisane, n'avait pas même vu l'évanouissement du chevalier, obéit à l'ordre du capitaine avec un empressement qui indiquait l'intérêt qu'elle portait à son élève en natation.

Le chevalier revint à lui juste au moment où le docteur fermait la veine du malade.

La saignée soulagea momentanément le capitaine ; mais, vers deux heures du matin, malgré l'emploi de l'opium et de l'éther, les vomissements commencèrent.

Le docteur jeta au chevalier un coup d'œil qui voulait dire : « Voilà ce que je craignais. »

Le chevalier comprit et sortit pour pleurer tout à son aise.

La journée du lendemain se passa dans des alternatives de bien et de mal.

Cependant, vers le soir, le mal l'avait complétement emporté sur le bien.

Le visage était pourpre, la déglutition presque impossible; les vomissements, bilieux d'abord, étaient devenus noirs et mêlés de fuliginosités, et il était facile d'y reconnaître des parcelles de sang décomposé. Le docteur avait levé l'appareil de la saignée, et il avait trouvé la plaie cerclée de noir.

Il avait pris le chevalier à part, et, comme le capitaine avait encore toute sa tête, il avait prévenu le chevalier de l'état désespéré dans lequel était son ami, afin que celui-ci, s'il avait quelques dispositions testamentaires à prendre, ne perdît pas de temps.

Quant au jeune docteur, il était obligé, disait-il, de retourner, ne fût-ce que quelques heures, au bâtiment; il reviendrait le lendemain, et laissait par écrit au chevalier le traitement qu'il y avait à suivre et dont le principal était, autant que possible, de relever le moral du capitaine.

La recommandation était inutile; l'homme fort, c'était le malade; l'homme faible, celui qui se portait bien.

Depuis le moment où le capitaine s'était alité, le chevalier n'avait pas quitté un instant son chevet, lui rendant à son tour tous les soins qu'il en avait reçus quand il avait eu la jambe cassée; le veillant avec l'assiduité et l'affection d'une mère, ne souffrant pas qu'il prît une tasse de tisane d'une autre main que de la sienne.

Et il y avait un grand mérite dans cette conduite du pauvre Dieudonné; car ses angoisses étaient si vives, que, vingt fois, se sentant défaillir, il fut sur le point de déserter son poste et de fuir au hasard pour cesser de voir souffrir son ami.

On a vu qu'au simple contact du sang du capitaine, il s'était évanoui.

C'était bien pis maintenant que le docteur avait à peu près avoué au pauvre chevalier qu'il n'y avait plus d'espoir. Si le patient s'agitait dans son lit, Dieudonné sentait les gouttes d'une sueur froide perler sur tout son corps; si, au contraire, Dumesnil s'assoupissait, Dieudonné considérait cet état comme un symptôme des plus inquiétants, et, secouant le malade, lui demandait :

— Comment te trouves-tu? réponds-moi; mais réponds-moi donc!

Si le malade ne lui répondait pas, il se tordait les mains et éclatait en sanglots.

Au milieu d'une de ces explosions de douleur, Dumesnil, qui ne dormait pas, mais qui méditait, jugea que le moment était venu de donner ses dernières instructions à son ami.

C'était un esprit ferme et stoïque que le capitaine; il envisageait sans crainte — pour lui-même du moins — le sombre passage qu'il avait à franchir, et, dans ce moment, il n'était tourmenté que par l'idée de l'isolement où il allait laisser son ami.

— Voyons, mon cher Dieudonné, lui dit-il, cesse ces cris, ces plaintes et ces larmes, indignes d'un homme, et laisse-moi te donner quelques conseils sur la façon dont tu dois arranger ton existence lorsque je n'y serai plus.

Aux premiers mots du malade, le chevalier s'était tu comme par enchantement. Dumesnil, qui n'avait point parlé depuis près de deux heures, parlait, et d'une façon si calme, que c'était à croire que Dieu faisait un miracle en sa faveur; mais, quand il arriva à ces paroles : « Lorsque je n'y serai plus, » Dieudonné poussa des cris de désespoir, se roula sur le lit du moribond, le pressant entre ses bras et accusant l'injustice de la Providence et la rigueur du destin.

Les forces épuisées du capitaine ne lui permettaient pas de lutter contre les exubérances de la douleur de son ami.

Il rassembla tout ce qui lui restait de puissance, et laissa tomber ces mots, d'une voix mourante :

— Dieudonné, tu me tues!

Le chevalier fit un bond en arrière; puis, s'agenouillant et les mains jointes, il se rapprocha du lit, marchant sur ses genoux et disant :

— Pardonne-moi, Dumesnil, pardonne-moi ! je ne bougerai pas, je ne soufflerai pas ; je l'écoute religieusement.

Seulement, de grosses larmes silencieuses coulaient le long de ses joues.

Dumesnil le regarda quelques instants avec une profonde pitié.

— Ne pleure pas comme cela, mon pauvre camarade ; j'ai besoin de toute ma force pour franchir, comme il convient à un homme et à un soldat, le suprême passage... et ta douleur me déchire l'âme.

Puis, avec une fermeté toute militaire :

— Il faut nous quitter en ce monde, Dieudonné, dit-il.

— Non ! non ! non ! s'écria Dieudonné, tu ne mourras pas ! c'est impossible.

— C'est cependant ce à quoi il faut t'attendre, cher vieil enfant, répondit le malade.

— Ne plus te voir ! ne plus te voir ! Dieu n'est pas si cruel, s'écria Dieudonné.

— A moins que je ne trouve la métempsycose à l'ordre du jour là-haut, dit en souriant le capitaine, il faut prendre notre parti de cette terrible séparation, mon pauvre ami.

— Ah ! Seigneur ! Seigneur ! se lamenta Dieudonné.

— Mais je dois avouer que ce n'est guère plus probable que ma résurrection.

— La métempsycose ? répéta machinalement Dieudonné.

— Oui, la métempsycose, auquel cas je prie le bon Dieu à deux genoux de me confier la peau du premier chien venu, dans laquelle, n'importe où je serai, je brise ma chaîne pour t'aller rejoindre.

Cette plaisanterie, faite au seuil de l'éternité, ne put éveiller le stoïcisme dans le cœur de Dieudonné ; il leva les yeux au ciel et embrassa étroitement Dumesnil.

— Allons, courage ! reprit ce dernier ; en vérité, de nous deux, c'est toi qui as l'air de quitter le monde. Pendant que j'en ai la force encore, laisse-moi donc te donner un bon conseil : reste ici si tu peux, quoique, sans moi, je doute que tu t'y amuses beaucoup.

— Oh ! non, non, s'écria Dieudonné, si j'ai le malheur de te perdre, je retournerai en France !

— A ta volonté, mon pauvre ami ; en ce cas, reconduis-y mon corps ; cela te fera une douloureuse distraction, et il te semblera que tu ne me quittes pas tout à fait ; je suis d'une pauvre ville de province, bien triste, bien ennuyeuse, de Chartres ;

mais, à Chartres, mon père, ma mère et une sœur que j'aimais fort sont enterrés; notre famille a là un caveau où reste une place vide, tu m'y enfourneras, et tu feras sceller la porte sur moi : je suis le dernier de la famille. Cette cérémonie achevée, isole-toi, vis en vieux garçon, c'est-à-dire en égoïste; fais-toi gourmand, aime d'estomac, mais n'aime plus de cœur, pas même un lapin, on pourrait te le mettre à la broche. — Ah! mon pauvre Dieudonné, tu n'es pas de force à aimer!

Dumesnil retomba épuisé sur son oreiller.

Quelques minutes après, il entrait dans le délire.

Mais, dans le délire, une idée semblait poursuivre le moribond : c'était celle de sa métempsycose.

Il répétait :

— Chien... bon chien... chien noir... Dieudonné!

De sorte que l'on pouvait voir que, dans cet esprit défaillant, la dernière pensée qui survivait était celle de ne pas quitter son ami.

Sur ces entrefaites, le jeune docteur rentra; il était revenu pour l'acquit de sa conscience et parce qu'il avait promis de revenir.

Au premier coup d'œil sur le capitaine, il comprit que tout était fini.

Quant à Dieudonné, en entendant cette respiration anxieuse et sifflante, ce râle avant-coureur du dernier soupir, il s'était laissé tomber à genoux, sanglotant, mordant dans son désespoir les draps du capitaine, et tombant peu à peu dans une prostration de laquelle il ne sortit qu'en entendant ces mots, prononcés par le jeune docteur :

— Il est mort !

Alors, il se redressa, poussa de grands cris ; puis, avec un indescriptible élan de douleur, il se précipita sur le cadavre, l'étreignant si étroitement, qu'il fallut employer la force pour l'en séparer.

II

— Retour en France. —

Par bonheur, en mourant, le capitaine avait laissé à Dieudonné des devoirs à accomplir.

Il connaissait bien son ami quand il lui avait dit que le soin qu'il lui confiait de reconduire son cadavre en France, lui serait une douloureuse distraction.

La solitude est ce que les natures débiles redoutent le plus ; les natures d'élite osent seules se recueillir pour souffrir ; la grande majorité des hommes, au contraire, se hâte de surexciter ses douleurs comme si elle prévoyait que le calme suivra de bien près la défaillance.

Le *Dauphin*, qui était en train de faire le tour du monde, et qui avait pris la fièvre jaune en passant à Manille, continuait sa route pour la France par le cap Horn et levait l'ancre le surlendemain.

C'était bien ce qu'il fallait au chevalier ; seul, il avait en haine ce paradis terrestre où il avait été si heureux avec son ami.

Il écrivit une lettre au capitaine du *Dauphin*, sollicitant un passage à son bord, pour lui et pour le cercueil de son ami.

Le jeune médecin se chargea de négocier l'affaire ; il va sans dire qu'il y réussit sans aucune difficulté.

En revenant à la case, il trouva Dieudonné occupé à faire exécuter par les charpentiers du pays une bière à la manière de France.

L'île fournit le bois de fer, le meilleur de tous les bois pour ces sortes de constructions.

Dieudonné ôta du cou du capitaine la petite clef du nécessaire, et, comme le capitaine, plusieurs fois dans son agonie, avait tourné les yeux vers ce meuble, paraissant le lui recommander, il passa la petite clef à son cou, heureux de presser sur son cœur cette relique de son ami.

Puis il fit ensevelir le capitaine dans la plus blanche pièce d'étoffe qu'il put trouver, garnit lui-même le fond de la bière de feuilles de pandanus et de bananier, déposa le corps sur cette molle couche, que les femmes de l'île parsemèrent de fleurs tirées de leurs cheveux et de leurs oreilles, baisa une dernière fois son ami au front et fit clouer la bière.

Chaque coup de marteau lui faisait jaillir un sanglot du cœur ; mais, quelques instances que l'on fît, il resta là jusqu'à ce que le dernier clou fût enfoncé.

Sur ces entrefaites, la nuit vint.

C'était le lendemain matin que le canot du *Dauphin* devait venir chercher le mort et le vivant ; et, comme, par une superstition répandue chez les habitants du pays, les propriétaires de la case ne voulurent point que le cadavre passât la nuit sous leur toit, Dieudonné fit déposer le cercueil sous le citronnier où Mahaouni était venue se coucher pendant la première nuit qu'il avait passée dans l'île.

Puis il étendit son matelas, appuyant une de ses extrémités sur le cercueil.

Et, tout pleurant, il se coucha, la tête sur la bière du capitaine.

Le lendemain, il recueillit tous les objets qui avaient appartenu à Dumesnil, vêtements, armes, cannes, etc.

Au premier rang de ces objets était le nécessaire.

Mais le nécessaire, Dieudonné ne se sentait point encore la force de l'ouvrir ; sans doute contenait-il quelque testament, quelques dispositions dernières qui devaient lui briser le cœur.

Il se dit à lui-même qu'il serait temps de l'ouvrir en France, à Chartres, le soir même de l'inhumation du capitaine.

Puis il distribua à ses amies éplorées, faisant naturellement à Mahaouni la meilleure part, tous les petits objets que ces naïves filles de la nature avaient paru envier.

L'heure arrivée, le canot vint prendre le chevalier ; outre les quatre rameurs, il y avait quatre matelots, un contre-maître et le docteur.

Toute la ville de Papaéti accompagna le cercueil et le chevalier jusqu'au bord de la mer.

On aimait le capitaine, nature droite mais rude.

On adorait le chevalier, nature douce et tendre, toujours prêt à donner, et, quand il ne donnait pas, à laisser prendre.

Les hommes, arrivés au bord de la mer prirent congé de leur hôte.

Les femmes ne voulurent point le quitter là : elles se lancèrent à la mer et nagèrent comme des sirènes autour du canot.

Quelques-unes, trouvant le trajet un peu long, crièrent leur adieu au chevalier et l'abandonnèrent en chemin.

Cinq ou six tinrent bon, et, en arrivant au bâtiment, Dieudonné, en le supposant mahométan, pouvait encore, selon la prescription du prophète, avoir quatre femmes légitimes.

Au moment où le chevalier mettait le pied sur l'échelle du brick, Mahaouni se jeta tout éplorée dans ses bras, lui demandant s'il voulait l'emmener en France.

L'idée du sacrifice qu'offrait de lui faire cette charmante fille de la nature, toucha profondément le chevalier ; il hésita s'il accepterait, mais il se rappela la recommandation de son ami : « Ne t'attache pas même à un lapin : on pourrait te le mettre à la broche. »

Il endurcit son cœur, détourna la tête, repoussa la belle Mahaouni, et s'élança sur le pont du bâtiment.

Les Taïtiennes nagèrent quelque temps encore autour du brick comme des sirènes ; mais, leur ami le chevalier ne reparaissant point, elles s'éloignèrent, nageant du côté de l'île.

Deux ou trois fois Mahaouni s'arrêta et retourna la tête vers le brick ; mais, ne voyant pas Dieudonné, elle se reconnut décidément abandonnée, plongea pour laver ses larmes et reparut le sourire sur les lèvres et dans les yeux.

Nous consignons ce fait, afin que nos lecteurs, bercés par des romances dans lesquelles les jeunes insulaires abandonnées par des Européens mouraient en les attendant sur la plage, les yeux tournés du côté où avait disparu le vaisseau de l'ingrat; afin, disons-nous, que nos lecteurs ne se livrent pas à un attendrissement excessif à l'endroit de l'Ariane taïtienne.

Dieudonné n'avait point reparu sur le pont parce qu'il emménageait dans sa cabine le cercueil de son ami, dont il était résolu à ne point se séparer pendant la traversée.

Tandis qu'il s'occupait de ces détails, une belle chienne noire épagneule entra dans la cabine, regardant curieusement avec ses grands yeux intelligents, presque humains, ce que faisait le chevalier.

En l'apercevant, le chevalier tomba sur une chaise, et se prit à pleurer.

Il se rappelait cette douce phrase que, la veille

au matin, il y avait vingt-quatre heures à peine, prononçait son ami : « Si la métempsycose existe, je prierai le bon Dieu de me confier la peau d'un chien, sous laquelle, n'importe où je serai, je briserai ma chaîne pour t'aller rejoindre. »

Il prit la tête de la chienne entre ses deux mains, comme il eût fait d'une tête humaine.

La chienne, effrayée sans doute de cette démonstration, dans laquelle le chevalier n'avait peut-être pas mis tous les ménagements possibles, se sauva.

Le chevalier demanda, les yeux tout baignés de larmes, au matelot qui l'aidait à emménager le cercueil, à qui appartenait cette belle chienne à la fois si curieuse et si sauvage.

Le matelot répondit qu'elle appartenait à un passager, et, pour rendre moins importante sans doute sa disparition aux yeux du chevalier, il ajouta qu'elle avait mis bas la veille quatre chiens magnifiques dont on avait jeté trois à la mer, et que la crainte qu'il n'arrivât accident au quatrième, était sans doute ce qui l'avait empêchée de répondre avec plus d'effusion aux caresses du chevalier.

— D'ailleurs, répondit celui-ci en secouant la tête, il m'a bien recommandé de ne m'attacher à rien; la chienne a donc bien fait de s'en aller, car j'eusse été obligé de la chasser.

Le matelot entendit cette réponse du chevalier; mais, comme c'était un garçon discret, quoiqu'il ne la comprît pas, il n'en demanda aucunement l'explication.

Le soir, le vent étant favorable, le capitaine décida de mettre à la voile; on leva donc l'ancre et l'on mit le cap sur Valparaiso, où le *Dauphin* devait déposer un de ses passagers.

Le chevalier n'avait pas oublié ce qu'il avait souffert du mal de mer dans sa traversée du Havre à New-York et de San-Francisco à Taïti; aussi son premier soin fut-il, quand il sentit le bâtiment se mouvoir sous ses pieds, de se coucher dans son cadre et de se recommander à son matelot.

La recommandation ne fut pas inutile : après trois jours d'un temps superbe, pendant lesquels le chevalier n'osa point se hasarder sur le pont, vint un grain qui troubla la mer pour une quinzaine de jours.

Pendant ce temps, le chevalier resta couché, mangeant dans son lit quand il mangeait, et, ces jours-là, voyant arriver régulièrement derrière le matelot la chienne épagneule, qui savait tout ce qu'il y avait de bénéfice pour elle à exécuter cette manœuvre, le chevalier, entamant à peine ses plats, qui revenaient à la chienne presque intacts.

Le dix-huitième ou dix-neuvième jour, le temps

étant toujours gros, et le chevalier toujours dans son lit, la chienne vint comme d'habitude, mais, cette fois, suivie de son petit, qui commençait à courir sur le pont en trébuchant.

Le petit chien, miniature de sa mère, était charmant.

Malgré sa résolution de ne s'attacher à rien, le chevalier fit force caresses au petit Black.

C'était le nom du jeune épagneul :

Lui donnant du sucre écrasé que celui-ci léchait scrupuleusement jusqu'à la dernière poussière dans le creux de sa main.

Dix fois, le chevalier eut l'idée de demander au matelot s'il croyait que le maître du petit épagneul voulût s'en défaire; mais alors il se rappelait la recommandation de Dumesnil : « Ne t'attache à rien ! » et il repoussait cette idée de donner à qui que ce fût, même à un chien, une portion de ce cœur qui devait appartenir tout entier à son ami.

Dans toute autre circonstance, Dieudonné se fût lassé de ce long isolement et eût fait quelque effort au risque d'un redoublement de malaise. Mais, qu'on ne l'oublie pas, il n'était point seul dans sa cabine. Il était avec cette part de lui-même que la mort lui avait si cruellement enlevée, et il éprouvait l'espèce de satisfaction d'amour-propre particulière à certaines natures tendres, en se disant que sa tendresse ne s'épuisait point, que ses larmes ne tarissaient pas.

Quatre ou cinq jours s'écoulèrent encore sans que la mer calmît; puis, enfin, un matin, sans transition aucune, le mouvement du navire cessa tout à coup.

Dieudonné appela son matelot et lui demanda la cause de ce calme.

Le matelot répondit que l'on était en rade de Valparaiso et que, si le chevalier voulait se lever, il verrait les côtes du Chili, et l'entrée de cette vallée si belle, qu'elle a reçu le nom de Valparaiso, c'est-à-dire *vallée du Paradis*.

Le chevalier annonça qu'il se lèverait; mais, comme Black et sa mère étaient là, il commença avant tout par faire sa distribution accoutumée de pain et de viande à la mère, et de sucre au petit.

Au milieu de leur repas, un coup de sifflet aigu vint faire tressaillir la chienne, qui leva la tête, mais hésita.

Un second coup de sifflet, suivi du nom de Diane, leva toute hésitation; évidemment rappelée par son maître, la chienne disparut, accompagnée de son petit.

Le chevalier, sentant alors le bâtiment tout à fait raffermi, songea à faire sa toilette et à monter sur le pont.

Ce fut l'affaire d'une demi-heure, à peu près.

Au moment où sa tête apparaissait à l'écoutille, le canot se détachait du bâtiment pour conduire à terre le passager qu'on devait déposer à Valparaiso.

Machinalement, le chevalier, ébloui de la magnificence du spectacle que lui offrait cette magnifique côte du Chili, s'approcha de la muraille du bâtiment.

Alors ses yeux tombèrent sur le canot, déjà à une centaine de pas du navire.

Il poussa un soupir.

A bord du canot était la belle chienne épagneule, la mâchoire inférieure posée sur le genou du passager qui quittait le bâtiment.

Il appela son matelot.

— François! demanda-t-il, est-ce qu'on emmène Black et sa mère pour ne plus revenir?

— Sans doute, monsieur le chevalier, répondit le matelot; ces deux animaux appartiennent à M. de Chalier et s'en vont avec lui.

Dieudonné se rappela le nom.

C'était celui de cet ami qu'était venu voir Dumesnil à bord du *Dauphin*, et qui était la cause innocente de la mort du capitaine.

Mais, si innocent que M. de Chalier fût de cette

mort, Dieudonné ne lui en avait pas moins gardé rancune.

— Ah! dit-il, j'en suis bien aise, qu'il s'en aille, ce M. de Chalier, que Dumesnil aimait tant : cela m'aurait fait du mal de le voir. Seulement, ajouta-t-il, je regrette le petit chien.

Puis, avec un mouvement de mélancolique satisfaction :

— Bon! ajouta-t-il, c'est bien heureux que cet animal ne soit pas resté à bord, je commençais à m'y attacher.

Le lendemain, on remettait à la voile ; deux mois après, on débarquait à Brest.

Enfin, au bout d'une semaine, le chevalier entrait à Chartres avec son funèbre bagage.

III

— Où le chevalier rend les derniers devoirs au capitaine et se fixe à Chartres. —

Le chevalier descendit à l'hôtel et se renseigna aussitôt.

Le capitaine Dumesnil avait eu sa famille à Chartres; mais, comme il l'avait dit à Dieudonné, de cette famille, il ne lui restait plus personne.

Cependant, beaucoup de Chartrains avaient connu le capitaine et rendaient justice à son courage et à sa loyauté.

Il alla trouver le fossoyeur, se fit montrer le tombeau de la famille Dumesnil; comme l'avait dit le capitaine, une des cases restait vide.

Le chevalier avait eu le soin de faire dresser, par le docteur et par le capitaine et le second du *Dauphin*, un certificat mortuaire constatant le décès et l'identité de Dumesnil.

Ce certificat mortuaire à la main, il put réclamer et obtenir cette dernière couche de marbre où son ami devait dormir du sommeil éternel.

Il envoya des lettres de faire-part à toutes les notabilités de la ville, et fit mettre des insertions dans les journaux pour annoncer que le capitaine Dumesnil était mort, et serait enterré le lundi suivant.

Huit jours devaient s'écouler entre les lettres de faire-part, les annonces et l'inhumation.

De cette façon, s'il restait au capitaine Dumesnil quelques parents, ces parents seraient prévenus.

S'ils étaient aux environs de Chartres, ils auraient le temps d'arriver et d'assister au convoi.

S'ils étaient éloignés, ils écriraient, se feraient

connaître et réclameraient l'héritage du capitaine, héritage consistant en quelques centaines de francs, le capitaine n'ayant d'autre fortune que ses quatorze ou quinze cents francs de retraite.

Le convoi eut lieu au bout des huit jours indiqués ; personne ne vint, mais toute la ville y assista.

Le chevalier menait le deuil, et un fils n'eût certes pas donné à un père mort de plus vives marques de regrets que celles que donna le chevalier à son ami.

Ses larmes, mal taries, ne demandaient qu'une occasion pour couler de nouveau, et il éprouvait un bien-être inouï à sentir couler ses larmes.

Le corps déposé dans le caveau, le chevalier de la Graverie voulut dire quelques paroles à cette foule qui, moitié par curiosité, moitié par sympathie, avait suivi le corps du capitaine Dumesnil jusqu'au cimetière ; mais les sanglots étouffèrent sa voix.

C'était la meilleure manière de remercier : à partir de ce moment, si le chevalier ne fut point jugé comme esprit, il fut jugé comme cœur.

On reconduisit le chevalier jusqu'à la porte de son hôtel.

Rentré dans sa chambre, ce fut alors que le chevalier se trouva vraiment seul.

Il n'avait point assez pleuré.

Il rassembla les différents objets qui avaient appartenu au capitaine, et au milieu d'eux le nécessaire de voyage.

Ces reliques saintes ramenèrent de nouvelles larmes à ses yeux.

Il prit alors la résolution de rester à Chartres; il n'avait de préférence pour aucun lieu du monde; une ville triste et solitaire comme Chartres, avec sa cathédrale gigantesque, aux deux bras sans cesse levés au ciel, comme pour implorer la miséricorde du Seigneur, lui convenait parfaitement.

Il ne voulait revoir personne de ses anciens amis, personne qui eût connu sa femme et qui pût lui en demander des nouvelles.

Et cependant, chose singulière, en revenant en France, il y était ramené par un vague espoir de revoir Mathilde.

Il lui semblait, à chaque coin de rue qu'il tournait, qu'il allait se trouver face à face avec elle, et qu'elle allait lui sauter au cou en s'écriant : « C'est toi ! »

Il se mit donc dès le même jour en quête d'une maison, et trouva, rue des Lices, celle que nous avons décrite.

Elle lui parut convenable en tout point.

Il fit venir un tapissier, lui commanda ses meublés comme il l'entendait, et écrivit à son notaire de lui envoyer tout l'argent qu'il pouvait avoir à lui, ainsi que les meubles les plus précieux et son argenterie, que Dumesnil, après la catastrophe, avait déposés en lieu sûr.

Le notaire, qui, pendant les sept ans d'absence du chevalier, n'avait eu que la moitié de son revenu à lui envoyer, pouvait disposer d'une somme de trente à quarante mille francs.

Le chevalier, outre cela, avait une vingtaine de mille livres de rentes.

Avec vingt mille livres de rente, on est immensément riche à Chartres.

Au bout de huit jours, la maison fut en état de recevoir le chevalier.

Son installation fut toute une affaire.

Nous avons dit, on ne l'a pas oublié, de quelle confortable façon étaient emménagés le salon, le cabinet aux vins et aux salaisons et surtout la chambre à coucher.

Avec intention, nous avons, à cette époque, négligé de décrire la table qui servait de toilette au chevalier.

On se rappelle le nécessaire dont il avait hérité de son ami Dumesnil, et la préoccupation avec laquelle ce dernier lui avait indiqué ce nécessaire dans les derniers moments de sa vie.

Le soir de son installation, le chevalier résolut de l'ouvrir.

En conséquence, il fit provision de forces, se recueillit, s'assit sur son bon tapis de Smyrne, prit son nécessaire entre ses jambes et l'ouvrit après avoir eu la précaution de préparer son mouchoir.

Et, en effet, les premiers objets qu'il aperçut rouvrirent la source de ses larmes.

C'étaient les ustensiles familiers de la toilette du capitaine, homme qui professait le soin le plus méticuleux de sa personne.

Le chevalier les tira les uns après les autres de leurs alvéoles et les rangea autour de lui.

Arrivé au dernier, il s'aperçut que le nécessaire avait un double fond.

Il chercha le secret de ce double fond et le trouva facilement, l'ouvrier qui avait fabriqué le nécessaire n'ayant pas eu l'intention de le dissimuler.

Ce double fond renfermait un paquet soigneusement cacheté et ficelé, sur l'enveloppe duquel le chevalier lut ces mots :

« Je prie, et cela sur deux choses sacrées, l'amitié et l'honneur, mon ami de la Graverie, de remettre ce paquet à madame de la Graverie s'il la revoit jamais, et, s'il ne l'a pas revue, de le brûler

le jour même où il apprendra sa mort, SANS CHER-
CHER A EN CONNAITRE LE CONTENU.

» DUMESNIL. »

Le chevalier demeura un instant pensif ; mais il songea que Dumesnil, ayant revu Mathilde, tandis que lui, Dieudonné, avait la jambe cassée, sans doute l'avait-elle chargé de quelque commission qu'il avait ou qu'il n'avait point accomplie et dont ce paquet contenait la solution.

En conséquence, il remit soigneusement le paquet dans le fond du nécessaire, le ferma, en remit la clef à son cou, le rangea dans une armoire qui se trouvait à la tête de son lit, et plaça sur sa toilette tous les ustensiles qui avaient servi au capitaine, et dont il voulait, en mémoire de lui, faire usage à son tour.

Pendant quelques jours, le souvenir de ce paquet cacheté et ficelé lui revint à l'esprit; mais jamais l'idée de l'ouvrir pour voir ce qu'il renfermait ne se présenta même au cerveau du chevalier.

Isolé dans une ville étrangère, Dieudonné n'avait pas eu à supporter les consolations banales, qui eussent aigri un cœur comme le sien, au lieu de le consoler.

L'indifférence de tous fut le meilleur remède à sa douleur. Abandonnée à ses propres forces, elle s'assoupit d'autant plus vite, qu'elle avait été plus violente.

Le chevalier était alors tombé dans une mélancolie profonde mais tranquille, et ce fut dans ces dispositions qu'il vint habiter sa nouvelle demeure.

La veille, il avait retrouvé, dans un officier de la garnison, un de ses anciens camarades aux mousquetaires; il avait hésité à renouveler connaissance avec lui; mais, se souvenant que la garnison quittait la ville le lendemain, il n'y vit plus d'inconvénient.

Il se fit reconnaître à grand'peine de l'officier : il y avait tantôt dix-huit ans qu'ils ne s'étaient vus.

Dieudonné demanda des nouvelles de gens qu'il avait laissés jeunes, brillants, pleins de vie et de santé.

Beaucoup étaient couchés dans la tombe, jeunes comme vieux; la mort n'a pas de préférence; seulement, parfois, elle semble avoir des haines.

Le chevalier fut vivement impressionné par ce refrain, qui accueillait la plupart de ses interrogations :

— Il est mort!

Si bien qu'à la suite de cette conversation nécrologique, comptant ceux qui manquaient à l'appel, comme un général compte ses morts sur un champ de bataille, il s'affermit dans la résolution suggérée par Dumesnil et déjà arrêtée dans le fond de son cœur, de s'isoler désormais de ces affections éphémères qui font payer par tant d'angoisses les quelques joies qu'elles laissent tomber comme par pitié ; se décidant à se retrancher à l'abri de tout ce qui pouvait désormais troubler le calme de son existence ; et, pour commencer, en prenant congé de l'officier, — que probablement il ne devait plus revoir, puisque celui-ci partait le lendemain pour Lille, — il se donna sa parole à lui-même de ne point s'informer de ce qu'était devenu son frère aîné, ce qui n'était pas bien difficile, ni même — ce qui était un bien autre sacrifice pour lui — de ce qu'était devenue Mathilde.

S'isolant ainsi, Dieudonné n'avait plus qu'une chose à faire : c'était de se vouer au culte de sa propre personne, avec méthode d'abord, avec fanatisme ensuite, et enfin avec idolâtrie.

Il ne se créa de relations avec le monde chartrain que strictement ce qui était nécessaire pour ne pas devenir l'objet de la fatigante curiosité que toute excentricité absolue soulève en province, où la plus grande de toutes, pour un homme qui a habité Paris, est de prétendre pouvoir se passer des provinciaux.

Il évita surtout soigneusement que ses rapports,

de bienveillants et polis, ne dégénérassent en rapports intimes. Si, dans le petit cercle de ses connaissances, il se laissait aller au charme de la causerie ; si, à la suite de quelques moments agréables, il se sentait une nuance de sympathie pour un homme ; si les atomes crochus de son cerveau ou de son cœur menaçaient de faire corps avec ceux d'une femme jeune ou vieille, belle ou laide, il regardait cette disposition de son esprit comme un avertissement du ciel, et fuyait, homme ou femme, la créature trop aimable, comme si cette créature, au lieu des douces sensations de l'amitié, eût menacé de lui donner la peste, réservant ses meilleurs procédés pour les sots et pour les méchants, qui, si médiocrement peuplée que soit la vieille cité chartraine, ne lui faisaient pas faute dans cette ville de son choix.

Le chevalier de la Graverie ne fut pas moins sévère pour ce qui regardait sa vie intime.

Il bannit de sa maison les chiens, les chats et les oiseaux, qu'il regardait comme des prétextes à tribulations.

Il n'eut qu'une domestique, et la prit savante en cuisine, mais vieille et acariâtre, afin de pouvoir toujours la tenir à respectueuse distance de son cœur, la renvoyant impitoyablement, non pas dès qu'elle l'impatientait, mais, au contraire, dès qu'il s'apercevait que son service lui devenait trop agréable.

Sous ce rapport, le ciel semblait avoir pris à tâche de combler M. de la Graverie, en lui donnant Marianne, c'est-à-dire la servante que, dès le second chapitre de cette histoire, nous avons vue ouvrant une cataracte sur la tête de son maître et du chien que le chevalier avait rencontré.

Marianne était laide, et Marianne avait la conscience de sa laideur; ce qui n'avait pas peu contribué à la doter d'un des caractères les plus désagréables que M. de la Graverie eût jamais eu le bonheur de rencontrer.

Des peines de cœur, — car, malgré les imperfections de son physique, Marianne possédait un cœur, — des peines de cœur avaient aigri son caractère, et, sous le spécieux prétexte de se venger d'un lancier qui l'avait trahie, elle martyrisait le pauvre Dieudonné sans se douter de toute la satisfaction qu'elle lui causait, en lui procurant une domestique à laquelle, avec la meilleure volonté du monde, il était impossible de s'attacher.

Mais, avouons-le, l'insolence de Marianne, son esprit hargneux et taquin, ses exigences folles, n'étaient point les seules qualités qui militassent en sa faveur près du chevalier.

Marianne avait la supériorité incontestable du

véritable cordon bleu, sur le chef le plus vanté de
Chartres, et nous l'avons laissé entrevoir en com-
mençant notre narration.

M. de la Graverie faisait de la gourmandise son
péché favori. En recroquevillant son cœur, il avait
fait prendre à son estomac un développement con-
sidérable ; la carte de son dîner jouait un rôle
immense dans sa vie, et, bien que quelques indi-
gestions lui eussent prouvé que, comme toutes les
jouissances d'ici-bas, celles de la bouche ont leur
revers, il n'en attendait pas avec moins d'impatience chaque jour l'heure de son repas et n'en
estimait pas à moindre prix la science culinaire de
Marianne.

Peu à peu, M. de la Graverie s'accoutuma si bien
à cette existence de colimaçon, que les plus légers
accidents de sa vie lui devinrent des événements ;
le bourdonnement d'un moustique lui donnait la
fièvre ; et, comme il en était arrivé, ainsi que tous
les gens que le soin de leur propre personne occupe
outre mesure, à se tâter sans cesse le pouls moralement et matériellement, son repos ne laissait pas
que d'être troublé de temps à autre ; seulement, il
l'était par les atomes que son imagination inquiète
voyait au microscope, et, sur les derniers temps,
engourdi qu'il était dans cette absence de sensations,
il craignait si fort tout ce qui pouvait troubler son

repos, qu'ainsi que les poltrons il avait peur d'avoir peur.

Il ne serait cependant pas exact de prétendre que le cœur de M. de la Graverie devint précisément mauvais, qu'il prit quelque chose de la dureté de la coquille dans laquelle il s'était réfugié ; mais nous devons avouer qu'à la suite de cette préoccupation constante de lui-même, ses qualités primitives, qui, par leur excès, se trouvaient parfois être un défaut, s'émoussèrent considérablement et se trouvèrent être autant en deçà qu'elles avaient autrefois été au delà. Sa bonté devint négative ; il n'aimait point à voir souffrir ses semblables ; mais son humanité prenait sa source dans l'effet nerveux que lui causait la vue des souffrances qu'il pouvait être appelé à partager, plutôt que dans un sentiment de véritable charité ; il eût volontiers doublé le chiffre de ses aumônes, pourvu qu'on lui épargnât la vue des mendiants ; la pitié chez lui était devenue une affaire de sensation à laquelle le cœur avait cessé de prendre part, et plus il vieillissait, plus son cœur se momifiait.

Il en est des vertus et des vices comme des femmes aimées : quand, pendant un mois, on n'a pas réclamé leur présence, étant séparé d'elle, on peut, ce mois écoulé, s'en passer pendant tout le reste de la vie.

Voilà donc où le chevalier de la Graverie en était au bout de huit ou neuf ans de son séjour à Chartres, c'est-à-dire au moment où a commencé cette histoire.

IV

— Où l'auteur reprend le cours de sa narration interrompue. —

Lorsque nous avons entrepris cette longue digression, qui est elle-même toute une histoire, nous avons laissé le chevalier de la Graverie trempé comme une soupe, par suite de la brutale intervention de Marianne dans sa discussion avec sa nouvelle connaissance.

Le pauvre chevalier monta jusqu'à sa chambre à coucher en maugréant ; s'il eût rencontré sa gouvernante sur l'escalier, nul doute qu'il ne lui eût fait un mauvais parti ; mais il sentait un froid glacial percer ses chairs et pénétrer jusqu'à ses os. Il jugea donc qu'il serait imprudent de s'abandonner à la violence de son ressentiment, avant d'avoir pris des précautions contre le rhume.

Un feu vif et pétillant, un de ces bons feux de bois comme on ne les connaît que dans les provinces, dissipa tout à la fois le frisson et la mauvaise humeur du chevalier ; en savourant la sensation douce, presque voluptueuse, de la réaction du calorique, il oublia sa colère ; puis, par une transition naturelle, il songea au pauvre chien, qui, non moins maltraité que lui, n'avait probablement, pour sécher son habit soyeux, que les rayons blafards et impuissants d'un soleil d'automne.

Cette pensée fit abandonner au chevalier de la Graverie le fauteuil où il jouissait si délicieusement de la compensation de sa douche glaciale ; il alla à la fenêtre, souleva ses rideaux et aperçut l'animal assis et grelottant de l'autre côté de la rue, le long du mur de la prison, qui faisait face à la maison de M. de la Graverie.

Le malheureux chien, les oreilles relevées, considérait d'un air profondément mélancolique, le logis où il avait été accueilli d'une façon si inhospitalière.

En ce moment, soit hasard, soit instinct, relevant la tête, il aperçut le chevalier de la Graverie à travers les carreaux. A cette vue, sa physionomie redoubla d'expression et se chargea de douloureux reproches.

Le premier mouvement de M. de la Graverie, ce

mouvement dont un grand diplomate a dit de se défier, attendu qu'il était le bon, fut de reconnaître en lui-même les torts qu'il avait vis-à-vis de ce noble animal; mais l'habitude qu'il avait dès longtemps prise de combattre ses sympathies l'emporta sur ce reste de son ancien tempérament.

— Ah! bah! dit-il tout haut et comme répondant à sa propre pensée, qu'il s'en retourne chez son maître, et Marianne aurait eu cent fois raison si elle n'eût point fait un aussi fraternel partage entre ce chien et moi. S'il fallait accueillir tous les chiens vagabonds, une fortune princière n'y suffirait pas! d'ailleurs, il est plein de défauts, ce chien : il est gourmand, et, par conséquent, il doit être voleur; il mettrait la maison au pillage, et puis... et puis... je ne veux pas d'animaux chez moi; je me le suis promis, et surtout je l'ai promis à Dumesnil.

Et, là-dessus, le chevalier retourna à son fauteuil, où il essaya d'engourdir les remords que révélait son monologue, en se laissant aller à une douce somnolence.

Mais, alors, il se passa dans l'esprit du pauvre chevalier quelque chose d'étrange.

Au fur et à mesure qu'il s'enfonçait dans sa rêverie, les objets dont il était entouré s'effaçaient peu à peu pour faire place à d'autres : les murs s'ouvraient et devenaient des lambris à claire-voie comme une cage; un air doux, pur et parfumé pénétrait à travers toutes les ouvertures, de même qu'à travers toutes les ouvertures on voyait, en regardant en haut, un ciel pur, en regardant à l'horizon, une mer azurée.

Un songe involontaire, une puissance magnétique reportait le chevalier de la Graverie à Papaéti.

Il était en face d'un matelas; une cire jaunie brûlait à la tête et au pied du lit; sur ce lit se trouvait une forme humaine enveloppée d'un suaire; peu à peu, ce suaire devenait transparent, et, à travers la toile, le chevalier de la Graverie reconnaissait les traits jaunes et amaigris, les yeux fixes, la bouche entr'ouverte du capitaine Dumesnil, et il entendait la voix de son ami qui prononçait distinctement ces paroles :

— A moins que je ne trouve la métempsycose à l'ordre du jour là-haut, auquel cas j'implorerai du bon Dieu qu'il me confie la peau d'un chien, sous laquelle n'importe où je serai, je briserai ma chaîne pour t'aller rejoindre.

Puis un voile funèbre s'étendait entre le chevavier et le cadavre du capitaine, et la vision s'éloignait dans le brouillard.

Le chevalier poussa un cri comme s'il roulait

dans un abîme, se réveilla et, en se réveillant, se trouva cramponné aux bras de son fauteuil.

— Sac à papier!... s'écria-t-il en essuyant son front baigné d'une sueur froide, quel abominable cauchemar! Pauvre Dumesnil!

Puis, après une pause pendant laquelle il resta les yeux fixés sur la place où avait apparu la vision :

— C'était bien lui, dit-il.

Et, comme si cette conviction l'avait déterminé à prendre une résolution suprême, il se leva et s'avança précipitamment vers la fenêtre.

Mais à moitié chemin il s'arrêta :

— Ah! c'est par trop bête! murmura-t-il; mon pauvre ami est mort, et malheureusement bien mort; tout ce que je puis croire, comme chrétien, c'est d'espérer que Dieu a bien voulu le recevoir dans sa miséricorde. Non, c'est absurde! j'ai trop marché aujourd'hui; le bain de Marianne m'a donné la fièvre, et ce maudit chien m'a troublé la cervelle. Allons, allons, ne songeons plus à tout cela.

M. de la Graverie se dirigea vers sa bibliothèque; et, pour ne plus songer *à cela*, c'est-à-dire au capitaine Dumesnil et au chien noir, il prit le premier livre qui lui tomba sous la main, se remit le plus carrément possible dans son fauteuil, appuya ses pieds contre le chambranle de la cheminée, ouvrit le volume au hasard et tomba sur ces lignes :

« Aucun précepte écrit ne nous est resté du système qu'enseignait Pythagore ; mais, par les traditions venues jusqu'à nous, on peut affirmer qu'il ne croyait à la mort qu'au point de vue de la matière, et aucunement au point de vue du principe vital que l'homme reçoit en naissant. Ce principe vital, étant immortel, ne peut être usé ni altéré par l'homme ; seulement, il passait dans d'autres êtres, — êtres de la même nature, si les dieux croyaient avoir à récompenser une vie de courage, de dévouement et de loyauté ; êtres de nature inférieure, si l'homme, dans son passage sur la terre, avait commis quelque crime ou même quelque faute qu'il lui fallût expier. Ce fut ainsi qu'il prétendit avoir reconnu, huit ou dix ans après sa mort, un de ses amis, Cléomène de Thasos, sous la forme d'un chien... »

Le chevalier n'alla pas plus loin ; il laissa tomber le livre, qui avait répondu si directement à sa pensée, et s'en alla timidement regarder à la fenêtre.

Le chien était toujours à son poste, toujours dans la même attitude, toujours les yeux fixés sur cette même fenêtre à travers les rideaux de laquelle lui-même le regardait, et, dès qu'il vit le chevalier reparaître, son regard s'anima, et il agita doucement sa queue.

Cette persistance de l'animal était si bien en harmonie avec les pensées qui agitaient son cerveau, que le chevalier de la Graverie dut en appeler à sa raison pour ne pas voir un événement surnaturel dans sa rencontre avec le chien noir.

Honteux de ses velléités superstitieuses, tourmenté par l'étrange sympathie qu'il s'était sentie tout à coup pour le compagnon de sa promenade, il se décida à adopter un moyen mixte qui sauvegarderait les faiblesses que son cœur ressentait pour un chien vagabond, sans cependant donner à sa maison un hôte opportun.

Il descendit vivement à la cuisine.

Marianne était absente.

Le chevalier respira ; il avait entendu fermer la porte et espérait, en effet, qu'elle était sortie.

Le chevalier éprouva de cette absence un vif sentiment de joie.

En effet, en se décidant à cette bonne action, le chevalier n'avait point été sans appréhender le sermon qu'il aurait à subir de sa gouvernante sur le péché qu'il allait commettre, en donnant le pain du bon Dieu à un chien, lorsque tant de pauvres en manquaient.

Ce qui ne faisait pas, remarquez-le bien, qu'en application de ce principe, Marianne fît, le moins du monde, l'aumône ni avec son pain, ni même avec celui de son maître.

Mais le chevalier avait pris sa résolution ; il avait, comme on dit, la tête montée : si Marianne disait quelque chose, il profiterait du grief qu'il avait contre elle à l'endroit du seau d'eau qu'elle lui avait versé sur la tête, pour lui dire avec une majesté dont plusieurs fois il avait reconnu l'effet :

— *Marianne, nous ne pouvons plus vivre ensemble; faites vos comptes!*

Or, cette phrase avait toujours eu pour résultat, quand elle avait été dite avec une majesté convenable, de rendre mademoiselle Marianne souple comme un gant.

Mais, depuis quelque temps, Marianne était devenue plus quinteuse que jamais, et le chevalier avait présumé que cette surabondance de mauvaise humeur à son endroit venait de propositions qui lui auraient été faites par M. Legardinois, maire de Chartres, pour quitter le service du chevalier et entrer au sien.

Or, il était probable que si, en pareille circonstance, le chevalier hasardait son majestueux *Faites vos comptes!* Marianne ferait ses comptes et sortirait.

Le chevalier en était bien arrivé à vaincre les sympathies de son cœur, mais pas encore le cri de son estomac.

Marianne était, non pas la plus aimable, mais la plus habile cuisinière qu'il eût jamais eue.

Voilà ce qui lui faisait tant craindre de rencontrer Marianne à la cuisine, voilà ce qui lui rendit le cœur si léger, lorsqu'il se fut aperçu qu'elle n'y était pas.

Le chevalier profita donc de la circonstance et s'avança vivement vers le buffet.

Le buffet était fermé à la clef.

Marianne était une fille soigneuse.

Il prit alors un couteau, et, le glissant entre la gâche et le pêne, il essaya d'ouvrir l'armoire sans clef.

Mais il songea à ce que dirait Marianne si elle rentrait en ce moment et le surprenait en flagrant délit d'effraction sur lui-même.

Sur lui-même, et encore était-ce sur lui-même? Marianne disait-elle jamais : « La cuisine de M. le chevalier? »

Oh! que non! Marianne disait : « Ma cuisine. »

Le couteau tomba des mains de Dieudonné, et il regarda d'un air désespéré tout autour de lui.

Près de la porte, sur un rayon élevé, hors de la portée de toute bête spoliatrice, il aperçut un poulet dont, le matin, il n'avait mangé qu'une aile.

Moins l'aile, la volaille était donc intacte.

Cette volaille était une magnifique poularde du Mans.

Evidemment, Marianne comptait tirer, pour le dîner du chevalier, quelque merveilleux parti de ces reliefs, qui étaient appétissants au possible, blancs de chair, chargés de graisse, rissolés à point et couchés douillettement dans leur jus.

L'imagination du chevalier, en quelques secondes, savoura les restes succulents de cette poularde en fricassée, en marinade, en bayonnaise ou en mahonnaise (les savants sont divisés sur ce point de technologie culinaire), tous petits plats un peu canaille, comme tous les plats de seconde formation, mais dont le chevalier était on ne peut plus friand.

Aussi son œil se mit-il à fureter dans tous les coins et sur toutes les planches, pour voir si la bonne chance ne lui enverrait point d'autres comestibles qui remplaçassent la poularde dans l'usage qu'il en comptait faire.

Mais le chevalier eut beau chercher, le chevalier ne trouva rien.

Il prit la volaille par les pattes, l'amena à la hauteur de ses yeux, la considéra avec des soupirs de regret et de concupiscence, étouffant le désir de mordre à même à belles dents.

Il en était là de son examen, et peut-être allait-il céder à la tentation, lorsque le bruit de la porte de la rue, roulant sur ses gonds rouillés, vint mettre ses hésitations au pied du mur.

Le chevalier sortit héroïquement du combat que son cœur soutenait contre son estomac. Il enveloppa bravement la poularde sous un pan de sa robe de chambre et escalada l'escalier de la cuisine avec une prestesse et une agilité qu'il était loin de croire retrouver dans ses jambes de quarante-cinq ans.

A la sortie de la cuisine, il faillit se rencontrer avec Marianne.

Il se jeta dans l'office.

Il resta là tout haletant, jusqu'à ce que Marianne fût descendue dans sa cuisine, située au *sous-sol*, comme on dit aujourd'hui.

Alors, il sortit sur la pointe du pied, retenant son haleine, gagna son escalier, en monta les marches deux à deux, rentra dans sa chambre, en referma la porte, poussa le verrou et tomba sur une chaise.

Les forces lui manquaient.

Cinq minutes suffirent au chevalier pour revenir à lui ; il se remit sur ses jambes, gagna la fenêtre, l'ouvrit résolûment, appela le chien, toujours accroupi à la même place, comme s'il était passé sphinx, et, d'un superbe mouvement, lui lança le poulet.

L'animal le saisit au vol, et, au lieu de se sauver avec sa proie, chose à laquelle le chevalier s'attendait, qu'il espérait peut-être, il la prit entre ses deux pattes, et, en chien sûr de son droit, il se mit à la dépecer sur place avec une vigueur qui faisait le plus grand honneur à la solidité de ses mâchoires.

— Bravo, mon garçon ! cria le chevalier avec enthousiasme, c'est cela ; bien ! tire, arrache. Bon ! voilà l'aile tout entière qui y passe ; bon ! une cuisse ; bon ! l'autre ; bon ! la tête ; la carcasse maintenant... Mais tu mourais donc de faim, ma pauvre bête ?

Et, à cette pensée, M. de la Graverie poussa un gros soupir ; car cette idée de la métempsycose lui revenait à l'esprit, et avec elle l'image du pauvre capitaine.

Or, cette pensée que celui qui avait été si bon pour lui sous son enveloppe d'homme, pouvait souffrir de la faim sous une autre enveloppe, quelle qu'elle fût, et surtout sous celle d'un chien qui aurait brisé sa chaîne pour le venir retrouver, lui tira les larmes des yeux.

Et nul ne peut dire jusqu'où cette pensée eût pu conduire le chevalier s'il eût eu le temps de s'y appesantir.

Mais il en fut violemment tiré par des cris furieux qui partaient du rez-de-chaussée.

Le chevalier, dans la disposition d'esprit où il était et avec la conscience de sa culpabilité, n'eut point de peine à reconnaître la voix de Marianne.

Il ferma vivement sa fenêtre et courut tirer le verrou de sa porte.

C'était, en effet, Marianne, qui, découvrant le rapt de sa volaille, gémissait comme si la maison eût été réduite en cendres.

Le chevalier jugea que le mieux était de courir au-devant du danger ou même d'attirer le danger à lui.

Si Marianne allait, par hasard, à la porte de la rue et qu'elle vît le chien rongeant la carcasse de volaille, tout lui était révélé.

Si, au contraire, le chevalier l'occupait, ne fût-ce que cinq minutes, il était bien certain qu'au train dont y allait l'épagneul, dans cinq minutes, jusqu'au dernier morceau de la volaille, tout aurait disparu.

Resterait le chien se léchant les babines et attendant un autre poulet ; mais le chien ne parlait pas, et, parlât-il, il avait l'air trop intelligent pour confier à Marianne ses relations gastronomiques avec le chevalier de la Graverie.

De la porte de sa chambre et du haut de l'escalier, c'est-à-dire d'un lieu de domination et avec la voix du maître, il cria donc :

— Eh bien, Marianne, qu'y a-t-il? et pourquoi tout ce tapage?

— Pourquoi tout ce tapage? Ah! c'est vous qui le demandez, monsieur !

— Sans doute, c'est moi qui le demande.

Puis il ajouta avec une dignité croissante :

— Sac à papier ! j'ai bien le droit, il me semble, de savoir ce qui se passe dans *ma maison*.

Et il appuya sur le pronom possessif *ma* et sur le substantif *maison*, d'une façon toute particulière.

Marianne sentit l'aiguillon.

— Dans votre maison ! dit-elle, dans votre maison ! eh bien, il s'y passe de belles choses.

— Que s'y passe-t-il? voyons ! demanda effrontément le chevalier.

— Il s'y passe que l'on y vole dans votre mai...son, accentua Marianne.

Le chevalier toussa, et, d'une voix moins ferme :

— Et qu'y vole-t-on? demanda-t-il.

— On y vole votre dîner, rien que cela ; car vous n'allez pas vous figurer qu'à quatre heures de l'après-midi, je retourne au marché; d'ailleurs, il n'y aurait plus rien, au marché. Et y eût-il des poulets, qu'ils ne seraient pas bons pour aujourd'hui. Tout le monde sait que, pour qu'un poulet soit mangeable, il lui faut au moins deux jours d'attente.

Le chevalier avait bien envie de lui dire :

— Allez chez le pâtissier du coin, vous trouverez un vol-au-vent ou quelque autre chose qui remplacera votre volaille.

Mais, à coup sûr, l'épagneul était encore à la porte, et le chevalier ne voulait pas l'exposer aux brutalités de Marianne.

Il se contenta donc de répondre :

— Bah! qu'est-ce que cela? un mauvais dîner, c'est bien vite fait.

Cette philosophie était si peu dans les habitudes du chevalier, que Marianne, habituée, au contraire, aux méticuleuses observations de son maître, en resta tout étourdie.

— Ah ! grommela-t-elle, voilà ce que tu réponds; c'est bien, c'est bien ; on ne se gênera point alors.

Et Marianne rentra dans sa cuisine, humiliée dans son orgueil et promettant bien de s'en venger.

Mais, d'un autre côté, le chevalier, tant pour le

poulet qu'il lui avait octroyé aux dépens de son dîner, qu'à cause de la prise qu'il venait d'avoir avec Marianne, se crut quitte de tout procédé nouveau à l'endroit de l'épagneul.

Sans retourner à la fenêtre, il alla donc s'asseoir dans son fauteuil, jusqu'au moment où Marianne vint ouvrir sa porte et lui dire d'un air goguenard :

— Monsieur est servi.

Cette annonce se faisait régulièrement à cinq heures du soir.

Le chevalier descendit et se mit à table.

Marianne plaça cérémonieusement en face du chevalier un morceau de bœuf bouilli, un plat de pois au sucre et des haricots verts en salade, le prévenant que ces trois plats composeraient pour ce jour-là tout son dîner.

Le pauvre chevalier attaqua avec la plus grande répugnance son bœuf filandreux et complétement dénué de suc, ce qui le fit arriver vite aux haricots verts ; mais, par bonheur, la promenade qu'il avait exécutée, la douche qu'il avait reçue, et, plus que tout cela, les émotions inusitées qu'il avait éprouvées, avaient probablement ouvert à son appétit des voies nouvelles ; car, s'il n'avait fait qu'une attaque sur le bœuf, il revint deux fois aux pois et trois fois aux haricots ; de sorte qu'il finit par quitter la table en jurant à Marianne, interdite, qu'il y avait fort longtemps qu'il n'avait si bien dîné.

Après son dîner, le chevalier avait l'habitude d'aller à son cercle. Pour rien au monde, le chevalier n'eût manqué à une habitude. Qu'eût-il fait s'il n'eût point fait son whist à deux liards la fiche?

Seulement, comme il craignait que le poulet, au lieu d'avoir donné à l'épagneul l'idée de s'en aller, ne lui eût donné celle de rester, et que, en sortant, il ne le rencontrât à la porte, il résolut de lui jouer un tour.

C'était de sortir tout simplement par le jardin, au lieu de sortir par la rue.

Le jardin donnait sur une ruelle déserte où jamais un chien, si vagabond et si perdu qu'il fût, n'aurait eu l'idée d'attendre un maître.

Il en résulta que, par des rues détournées, le chevalier gagna son club, situé place de la Comédie, sans avoir fait aucune rencontre importune.

Il y resta jusqu'à dix heures.

— Ce diable d'épagneul est si obstiné, murmura entre ses dents le chevalier, qu'il est capable d'être à son poste; s'il y était, je n'aurais pas le courage de le laisser dehors; retournons donc chez moi par où je suis venu.

Et le chevalier revint par ses rues détournées et

par sa ruelle, rentra par la petite porte du jardin en pressant le pas, attendu qu'il faisait des éclairs et qu'on entendait le tonnerre gronder au loin.

Comme il traversait le jardin, les premières gouttes tombèrent, larges comme des écus de six francs.

Sur l'escalier, il rencontra Marianne, qui, pensant qu'elle avait été peut-être un peu loin dans sa vengeance, dit au chevalier en essayant de prendre son air le plus aimable :

— Monsieur a bien fait de rentrer.

— Et pourquoi cela? demanda Dieudonné.

— Pourquoi cela? Mais parce qu'il va faire un temps, mais un temps à ne pas mettre un chien à la porte.

— Hum! fit le chevalier, hum! hum!

Et, croisant Marianne, il rentra dans sa chambre.

Il eut grande envie d'aller voir à la fenêtre si le chien était toujours devant la maison, mais il n'osa point.

Comme tous les esprits faibles, il aimait mieux rester dans le doute que d'avoir à prendre un parti.

La pluie fouettait vertement les volets, et chaque coup de tonnerre se faisait entendre plus rapproché.

Le chevalier se déshabilla rapidement, fit sa toilette de nuit en un tour de main, s'allongea dans son lit, souffla ses bougies et tira son drap par-dessus ses oreilles.

Mais l'orage était toujours si violent, que, malgré la précaution prise, il entendait la pluie battant ses volets et le tonnerre grondant sur sa tête; car l'orage avait peu à peu fait son chemin et semblait, à cette heure, s'être concentré au-dessus de la maison du chevalier.

Tout à coup, au milieu du bruit de l'averse, du bruit du tonnerre, il lui sembla entendre une plainte longue, funèbre, lugubre, allant toujours grandissant, comme le hurlement d'un chien.

Le chevalier sentit un frisson passer par tous ses membres.

L'épagneul de la matinée était-il toujours là? ou était-ce un autre chien, un chien de hasard?

Le hurlement qu'il venait d'entendre avait si peu de rapport avec les abois joyeux du matin, que le chevalier pouvait bien supposer que ces abois et ce hurlement n'avaient aucune homogénéité entre eux et ne sortaient pas de la même gueule.

Le chevalier se renfonça plus profondément dans son lit.

L'orage continuait de gronder plus terrible.

Le vent secouait la maison, comme s'il eût voulu la déraciner.

Une seconde fois, le hurlement lugubre, sinistre, prolongé, se fit entendre.

Cette fois, le chevalier n'y put résister; ce hurlement semblait le tirer de force hors du lit; le chevalier se leva donc, et, quoique rideaux, fenêtres et jalousies fussent fermés, la réverbération des éclairs qui se succédaient sans interruption illuminait la chambre.

Comme si une force plus puissante que lui le poussait, le chevalier marcha en trébuchant vers la fenêtre ; arrivé là, il souleva le rideau, et, à travers les interstices des jalousies, il vit le malheureux épagneul assis à la même place, sous des torrents de pluie qui eussent fait fondre un chien de granit.

Alors, une profonde pitié s'empara du chevalier.

Il lui parut, d'ailleurs, qu'il y avait quelque chose de surnaturel dans cette obstination d'un chien qu'il voyait pour la première fois.

D'un mouvement machinal, il porta la main à l'espagnolette de la croisée, afin de l'ouvrir; mais, au même moment, un coup de tonnerre, comme il n'en avait pas encore entendu, éclata juste au-dessus de sa tête, les ténèbres se fendirent, un serpent de feu passa dans l'air, le chien jeta un grand cri d'épouvante et s'enfuit en hurlant, tandis que, frappé d'une commotion électrique qui passa de la main qui touchait le fer de l'espagnolette à tout son corps, le chevalier alla, à reculons, tomber au pied de son lit à la renverse et sans connaissance.

V

— Hallucination. —

Lorsque le chevalier revint à lui, l'orage était passé, il faisait nuit épaisse et silence complet.

Il fut quelque temps sans savoir ce qui était arrivé; il ne pouvait deviner, ne se rappelant rien, comment il se faisait qu'il fût couché au bas de son lit, en chemise, par une nuit d'automne, déjà froide comme une nuit d'hiver.

Il se sentait tout engourdi, quelque chose bruissait dans ses oreilles, comme le bruit lointain d'une chute d'eau.

Il se souleva, en tâtonnant, sur son genou, sentit son lit à la portée de sa main, poussa un grand soupir, et, avec un effort inouï, parvint à se hisser sur sa pyramide de matelas.

Là, il retrouva ses draps encore chauds, — ce qui prouvait que son évanouissement n'avait pas été long, — et son édredon, à moitié tombé.

Il se glissa entre ses draps avec un sentiment de volupté inouïe, tira son édredon d'aplomb sur lui-même, se pelotonna pour se réchauffer plus vite, et essaya de se rendormir.

Mais, au contraire, peu à peu, la mémoire lui revint, et, au fur et à mesure que revenait la mémoire, le sommeil fuyait.

Le chevalier se rappela chaque chose dans tous ses détails, depuis la poularde du Mans jusqu'au coup de tonnerre.

Alors, il écouta si le silence de la nuit n'était plus troublé par les hurlements du chien.

Tout était calme.

D'ailleurs, en même temps qu'il se sentait frappé de cette commotion électrique, qui lui engourdissait encore le bras, n'avait-il pas vu fuir le chien épouvanté?

Il était donc débarrassé de cet animal acharné comme un spectre.

Mais cet animal ne s'enchaînait-il pas d'une façon étrange avec les seuls souvenirs qui lui fussent chers, avec la mort de son ami Dumesnil?

Tout cela était bien fort et bien émouvant pour le chevalier, dont la vie, depuis huit ou neuf ans, avait coulé unie comme la surface d'un lac, et qui, depuis la veille, semblait s'être changée en un torrent tumultueux, entraîné, malgré lui, vers quelque effroyable chute, comme celle du Rhin ou du Niagara.

En ce moment, la pendule tinta un coup.

Ce pouvait être une demie quelconque, ou bien une heure du matin.

Le chevalier pouvait se lever, enflammer une allumette et voir.

Mais, timide comme un enfant qui a peur, tout lui semblait tellement dérangé dans l'ordre naturel, qu'il n'osa point se lever.

Il attendit.

Une demi-heure après, la pendule sonna encore un coup.

Il était donc une heure du matin.

Le chevalier avait encore six heures à attendre avant qu'il fît jour.

Il frissonna et sentit la sueur de l'effroi lui passer par tout le corps ; bien certainement, s'il ne parvenait pas à se rendormir, avant le jour, il serait fou.

Le chevalier serra les dents et les poings, et se dit avec rage :

— Dormons !

Par malheur, on le sait, l'homme n'a, sous ce

rapport, aucun pouvoir sur lui-même; le chevalier eut beau se dire : « Dormons, » il ne dormit pas.

Mais, à défaut du sommeil, vint le délire, ce rêve du furieux !

Le chevalier tombait dans une espèce de torpeur qui ressemblait au sommeil, et alors il lui semblait que c'était lui, et non Dumesnil, qui était couché sur son lit et roulé dans son linceul; seulement, on se trompait, on prenait une léthargie pour la mort et on allait l'enterrer vivant.

Puis arrivait l'ensevelisseur, qui le prenait sur son lit et sans qu'il pût parler, crier, se plaindre, remuer ni s'opposer à rien, le couchait dans son linceul, posait le couvercle sur la bière et se mettait à clouer; mais, un des clous atteignant les chairs, le chevalier poussait un cri et se réveillait.

Réveillé ou se croyant réveillé, — car le chevalier était en proie à une hallucination continuelle, — il lui semblait qu'il se trouvait tout à coup transporté dans un monde fantastique peuplé d'animaux aux formes bizarres qui le regardaient d'un œil menaçant : il voulait fuir; mais, à chaque pas, comme devant le chevalier du jardin d'Armide, surgissaient de nouveaux monstres, dragons, hippogriphes, chimères, lesquels se mêlaient à la meute qui lui donnait la chasse; alors le malheureux chevalier trébuchait, tombait, se relevait, reprenait sa course; mais, bientôt rejoint comme un cerf aux abois, il attendait la mort sans force pour lutter contre elle; seulement, la première morsure qui s'attachait à lui le réveillait par la douleur qu'elle lui causait, et il se disait de nouveau :

— Ce n'est pas vrai, je suis dans mon lit, je n'ai rien à craindre; c'est un songe, un rêve, un cauchemar.

Et le chevalier se dressait sur son séant et s'asseyait, se cachant la tête entre ses mains; il avait beau se dire qu'il ne serait jamais assez insensé pour prêter la moindre attention à un songe, la répétition de ces secousses, la prostration de l'insomnie commençaient à ébranler son cerveau.

Et, même dans cette position, il ne pouvait éviter cette somnolence terrible à l'aide de laquelle le fantastique entrait dans sa vie et s'emparait de toutes ses facultés.

Il laissa tomber une de ses mains qui s'allongea le long de ses matelas; mais à peine cette main fut-elle pendante, qu'il lui sembla que la langue douce et tiède d'un chien la caressait; puis, peu à peu, cette langue se refroidit et devint âpre et rigide comme un glaçon.

Le chevalier rouvrit ou crut rouvrir un œil; il avait en ce moment si peu la disposition de son libre arbitre, qu'il lui était impossible de dire : ceci est le rêve et ceci la réalité, et il frissonna de tout son corps en voyant l'épagneul assis près de son lit ; son poil noir et soyeux brillait dans la nuit d'une espèce de phosphorescence qui illuminait la chambre tout autour de lui ; de sorte qu'il pouvait voir le regard de l'animal fixé sur lui avec des yeux tristes et tendrement réprobateurs, qui cessaient d'être ceux d'un chien pour prendre une expression humaine.

Et cette expression était bien celle avec laquelle Dumesnil, mourant, avait fixé ses yeux sur les siens.

Le chevalier n'y put pas tenir ; il sauta à bas de son lit, et, tout en se heurtant aux meubles dans l'obscurité, il alla jusqu'à la cheminée, où il trouva des allumettes toutes préparées, à l'aide desquelles il attacha la flamme à une bougie.

La bougie allumée, avec une effroyable palpitation, le chevalier qui, en sautant de son lit, avait fermé les yeux, osa enfin les ouvrir, et regarder tout autour de lui.

La chambre était parfaitement déserte.

Le chevalier retourna à la fenêtre, souleva de nouveau le rideau : la rue était déserte comme la chambre.

Il tomba sur un fauteuil, essuya la sueur qui coulait sur son front, et, sentant que le froid le gagnait de nouveau, il alla se recoucher, mais en laissant cette fois la bougie allumée.

Sans doute la lumière chassa-t-elle les fantômes, car le chevalier ne revit plus rien, quoiqu'il fût en proie à une fièvre telle, qu'il entendait battre les artères de ses tempes.

Aux premiers rayons du jour, il sonna Marianne pour qu'elle lui allumât son feu.

Mais Marianne, habituée à n'entrer dans la chambre de son maître qu'à huit heures et demie, ne s'inquiéta point de cette sonnette inusitée, qu'elle pensa sans doute être mise en branle par quelque lutin, ennemi de son repos.

Le chevalier se leva, ouvrit la porte, et appela.

Marianne demeura aussi sourde à la voix qu'à la sonnette.

Il en résulta que le chevalier, passant son pantalon et sa robe de chambre, dut se résigner à s'acquitter lui-même de ce soin de ménage.

Son feu allumé, le chevalier, après s'être assuré que le chien avait bien disparu, se remit à sonner.

Comme, cette fois, c'était l'heure de Marianne, Marianne entra avec tous les ingrédients nécessaires à allumer le feu.

Le feu était allumé et le chevalier se chauffait.

Marianne resta immobile sur le seuil de la porte.

— Mon déjeuner ! dit le chevalier.

Marianne recula d'un pas.

Jamais le chevalier ne s'était levé avant neuf heures et n'avait demandé son déjeuner avant dix !

Il était huit heures et demie ; le chevalier était levé, se chauffait, et demandait son déjeuner.

En outre, le chevalier était livide.

— Ah ! monsieur, dit-elle, qu'est-il donc arrivé ici, mon Dieu ?

Le chevalier le lui eût bien raconté s'il eût osé, mais il n'osa point.

— Dieu merci, dit-il éludant la question, on mourrait bien ici sans secours ; j'ai appelé, sonné, crié ; mais, bah ! c'est comme s'il n'y avait eu personne dans la maison.

— Dame, monsieur, une pauvre femme comme moi, quand elle a travaillé toute la journée au delà de ses forces, n'est pas fâchée de dormir un peu la nuit.

— Ce n'est pas hier que vous avez travaillé au delà de vos forces, répondit le chevalier avec une certaine aigreur ; mais ne parlons plus de cela ; je vous ai demandé à déjeuner.

— A déjeuner à cette heure-ci, Jésus ! est-ce donc l'heure ?

— C'est l'heure quand j'ai mal dîné la veille.

— Vous attendrez bien que je sois revenue du marché ; il n'y a absolument rien ici.

— Eh bien, allez-y, au marché ; mais ne faites qu'aller et revenir.

Marianne voulut hasarder des observations.

— Sac à papier ! dit le chevalier en frappant de ses pincettes le feu qu'il avait fait lui-même, et duquel jaillirent des millions d'étincelles.

Marianne n'avait encore entendu que deux fois cet innocent juron ; elle en subit l'influence.

Elle tourna le dos, ferma la porte, descendit l'escalier, et prit en trottinant le chemin du marché.

Marianne courbait la tête à la manière d'un monarque constitutionnel qui accepte une réforme imposée par ses chambres, mais qui ne l'accepte qu'avec la résolution bien arrêtée de prendre une prompte revanche.

Toujours à l'encontre de ses habitudes, le chevalier mangea précipitamment, et ne fit aucune des réflexions traditionnelles que lui inspirait le souvenir de l'excellent café qu'il avait pris dans ses voyages, et auquel celui qu'il prenait à Chartres, — quoique Chartres soit la ville de France qui a la prétention de mieux brûler le café, — et auquel celui qu'il prenait à Chartres n'était pas plus comparable que ne l'eût été de la chicorée pure au café ordinaire.

Tout était tellement réglé, compassé, arrêté dans le ménage du vieux garçon, que Marianne n'en pouvait croire ses yeux ni ses oreilles.

Le facteur apporta le journal.

Marianne, ramenée à des sentiments de conciliation, s'empressa de le monter à son maître.

Mais celui-ci, au lieu de le lire, comme il le faisait tous les jours, consciencieusement, depuis l'épigraphe jusqu'à la signature de l'imprimeur, laissa errer un coup d'œil distrait sur la feuille, la jeta sur le guéridon, et remonta dans sa chambre à coucher.

— En vérité, s'écria Marianne tout en rangeant sa vaisselle, je ne reconnais pas monsieur; aujourd'hui, il ne tient pas en place. Il ne s'est point aperçu que les œufs au court-bouillon s'étaient attachés, que les côtelettes étaient en charbon, et que ses haricots verts avaient jauni à la cuisson.

Puis, levant les deux bras au ciel, comme sous l'impulsion d'une illumination subite :

— Serait-il amoureux? s'écria-t-elle.

Mais, après un moment de réflexion, riant elle-même d'une supposition si insensée :

— Mais non, mais non, ce n'est pas possible ; seulement, que diable peut-il manigancer dans sa chambre? Il faut voir !

Et, en domestique discrète, Marianne, marchant

sur la pointe des pieds, traversa le salon et vint coller son œil au trou de la serrure de la chambre à coucher.

Elle aperçut son maître qui, malgré le froid incisif d'une matinée d'automne, avait ouvert la fenêtre et regardait attentivement dans la rue.

— Il a pourtant bien l'air d'attendre que quelqu'un passe, dit Marianne. Jésus Dieu ! il ne nous manquerait plus que cela : une femme dans la maison ; je lui passerais encore plutôt le chien de l'autre jour.

Mais le chevalier de la Graverie, ne trouvant probablement pas dans la rue ce qu'il y cherchait, ferma la fenêtre, et, tandis que Marianne, de plus en plus intriguée et se perdant en conjectures, regagnait la salle à manger, il se mit à arpenter la chambre en long et en large, les bras croisés, les sourcils froncés et sous l'empire visible d'une forte préoccupation.

Puis, tout à coup, il jeta sa robe de chambre comme un homme qui prend une résolution subite et passa une manche de son habit.

Mais, tout en procédant à ce détail de sa toilette, il jeta un coup d'œil sur la pendule.

La pendule marquait dix heures et demie.

Alors, il se promena quelque temps, son habit pendant par une manche.

Si Marianne l'eût vu ainsi, elle ne se fût point arrêtée à cette hypothèse que le chevalier était amoureux.

Elle se fût dit : « le chevalier est fou ! »

C'eût été bien pis si elle eût vu le chevalier sortir de sa chambre dans cet état, et, une manche passée, l'autre nue, descendre au jardin.

Ce ne fut qu'à l'air qu'il s'aperçut de sa distraction et qu'il passa l'autre manche.

Qu'allait-il faire au jardin ? C'est bien certainement ce que Marianne n'eût pu comprendre mieux que le reste.

Le chevalier cherchait, allait, venait, s'arrêtait de préférence dans les angles, mesurait des carrés avec sa canne, tantôt d'un mètre, tantôt de deux mètres, selon l'espace.

Puis, il disait entre ses dents :

— Ici, non ; là, il sera parfaitement... Dès aujourd'hui, j'envoie chercher le maçon ; une cabane en brique ou en pierre serait bien humide. Je crois qu'une cabane en bois vaudra mieux ; je n'enverrai pas chercher le maçon, j'enverrai chercher le menuisier.

Il était évident que le corps du chevalier était là, mais que son esprit était ailleurs.

Mais où était son esprit ?

La solution de ce problème, obscure pour Marianne, est on ne peut plus claire, nous l'espérons, pour le lecteur.

Il voit bien que la résolution du chevalier était prise.

Il était décidé à faire du chien son commensal, et il cherchait un endroit où le loger le plus convenablement possible.

C'est que l'abnégation dont le chevalier avait fait preuve en sacrifiant sa poularde et qui avait éteint ses remords à l'endroit des mauvais traitements de Marianne, ne suffisait plus depuis ces malheureux rêves et ces fatales hallucinations qui le constituaient en flagrant délit d'ingratitude envers un animal qui lui avait donné toutes sortes de marques de sympathie.

Non pas que, depuis le retour du soleil, le chevalier fût tout à fait dans le même état d'angoisses ; non, il ne pouvait admettre les rêves de la nuit, transpercés de lumière depuis qu'ils étaient exposés au jour : la métempsycose était un système qui n'avait jamais existé que dans Pythagore. La raison et les sentiments religieux du chevalier condamnaient à un égal degré cette croyance.

Mais, enfin, malgré les calculs de sa raison, malgré les aspirations de sa conscience, il doutait, et le doute est mortel aux esprits de la trempe de celui du chevalier.

Certes, il eût juré qu'il était absurde de supposer que l'esprit qui animait le corps du chien noir pût avoir le plus petit rapport avec l'âme de son pauvre ami, partie pour des mondes inconnus; cependant, et malgré l'énergie des dénégations qu'il se donnait à lui-même, il se sentait pour le chien un intérêt si profond et si tendre, qu'il s'en effrayait sans pouvoir se résoudre à le dompter.

Il songeait à la pauvre bête, exposée pendant douze heures à toutes les intempéries de la saison, grelottant sous la bise, nageant dans les torrents d'eau tombés du ciel, aveuglée par les éclairs, enveloppée par la foudre, fuyant épouvantée à travers les ténèbres, et, le jour levé, devenue victime de la brutalité des enfants, cherchant son déjeuner dans les égouts, enfin subissant tous les inconvénients du vagabondage, ce prolétariat des chiens, inconvénients dont le moindre était d'être tué sur place, comme bien et dûment convaincu d'être enragé.

Bref, M. de la Graverie, qui, l'avant-veille, eût donné tous les chiens du monde pour un zeste de citron, surtout si ce zeste devait donner du goût à une crème, M. de la Graverie, se sentant le cœur gonflé et les yeux pleins de larmes lorsqu'il songeait aux infortunes du pauvre épagneul, avait résolu de faire cesser ses infortunes en l'adoptant, et; comme on le voit, il cherchait et mesurait la place où la niche de son futur commensal devait être bâtie.

Avant d'en arriver là, il y avait eu de grandes luttes, et le chevalier n'avait pas été vaincu sans combattre. De temps en temps même, il se relevait et combattait encore.

Mais plus il s'indignait contre sa faiblesse et se roidissait contre son imagination, plus son imagination devenait tumultueuse et plus sa faiblesse le terrassait.

Enfin, tout en étant parvenu à écarter de son cerveau les tendances surnaturelles qui rattachaient le chien au souvenir du pauvre Dumesnil, l'animal ne l'en occupait pas moins; il n'y songeait plus que comme on songe à l'un des êtres inférieurs de la création, mais encore il ne songeait qu'à lui.

Ah! c'est que ce chien-là ne ressemblait pas à tous les chiens : par le peu qu'il en avait vu, si court que fût le temps où il l'avait pratiqué, le chevalier s'était convaincu que l'épagneul devait posséder une foule de qualités suprêmes et spéciales, qu'en y réfléchissant bien, le chevalier se rappelait avoir lues sur l'honnête physionomie de l'animal.

Aussi, en vain le chevalier, égoïste par système, se retranchait-il derrière ses résolutions passées; en vain en appelait-il à ses serments ; en vain se disait-il tout haut qu'il avait juré de n'ouvrir son cœur à nul être ici bas, qu'il fût bimane, quadrumane ou volatile; en vain se représentait-il les mille inconvénients qu'aurait incontestablement l'attachement qu'il sentait poindre en lui pour cette bête.

On a vu où en était arrivé le chevalier.

Il songeait à loger le chien, non pas sous un des hangars, non pas dans une des écuries, non pas sous un des bâtiments existants.

Il en était arrivé à lui choisir une place, la meilleure, bien entendu, et à lui faire bâtir une cabane où il eût toutes ses aises.

Et, pour s'excuser, M. de la Graverie s'était dit à lui-même :

— Après tout, ce n'est qu'un chien.

Et il avait ajouté en hochant la tête :

— Je ne suis ni assez vieux ni assez jeune, ayant renoncé à mes semblables, pour donner une bribe de mon affection à un animal quelconque.

Puis, étendant la main vers la place où il avait décidé de bâtir la cabane de l'épagneul :

— Celui-ci, avait-il dit, une fois que j'aurai accompli à son égard ce que je crois lui devoir, pourra bien se perdre ou mourir, sans que j'en prenne le moindre souci. J'en serai quitte, si un chien m'est devenu nécessaire, ce que je nie, j'en serai quitte pour lui donner un successeur. Est-ce manquer à mes serments, voyons un peu, que de chercher à opposer une innocente distraction à la monotonie de mon existence? En me résignant à l'état d'isolement, d'ailleurs, je n'ai point entendu me condamner à un état de servitude cent fois pire que celui du bagne. Non, sac à papier! cent fois non!

Et, sur ce juron, qui indiquait l'état d'exaspération où il était arrivé, le chevalier de la Graverie se redressa pour voir si quelqu'un se permettrait d'être d'un avis contraire au sien.

Personne ne souffla mot.

Le chevalier regarda donc la chose comme bien et dûment arrêtée.

Seulement, pour mettre son projet à exécution, il lui manquait l'objet principal : le chien, qui, épouvanté de la chute du tonnerre, s'était enfui en hurlant.

Le chevalier résolut de sortir comme à son ordinaire.

Il ne se donnerait certes pas la peine de chercher l'épagneul ; mais, s'il le rencontrait, il serait le bien rencontré.

Telles étaient les bonnes dispositions du chevalier de la Graverie, lorsque le gros timbre de la cathédrale sonna midi.

Quoique M. de la Graverie ne sortît jamais qu'à une heure, il résolut, vu la gravité des circonstances, d'avancer sa promenade de soixante minutes.

Il remonta dans sa chambre, prit son chapeau; —nous avons dit qu'il avait sa canne, puisque, avec sa canne, il avait mesuré l'espace qu'il destinait à la niche de l'épagneul,—bourra sa poche de morceaux de sucre, y ajouta une tablette de chocolat, dans le cas où le sucre ne serait qu'un appât insuffisant, et sortit, non pas précisément pour chercher le chien, mais dans l'espérance que le hasard le conduirait sur sa route.

Le chevalier traversa la place des Épars, prit la butte Saint-Michel et alla s'asseoir sur le banc en face de la caserne.

Il va sans dire que Marianne l'avait regardé sortir avec un étonnement qui allait croissant de minute en minute.

C'était la première fois, depuis cinq ans qu'elle était avec le chevalier, que le chevalier sortait avant une heure.

Aussi le moment du pansage n'était pas encore venu, la caserne était silencieuse, les cours désertes ; à peine si quelques cavaliers consignés les traversaient de loin en loin.

Au reste, ce n'était point là, dans la nouvelle disposition d'esprit où il se trouvait, ce qui préoccupait notre chevalier.

Il regardait, non pas dans les cours ou dans les appartements de la caserne, mais tout autour de lui en continuant mentalement ses discussions avec lui-même.

Seulement, de temps en temps, lorsque le désir de devenir propriétaire du bel et gracieux animal l'emportait en lui sur la série des inconvénients qui s'attachent à la possession d'un chien, il se levait, montait sur son banc pour regarder tout autour de lui.

Enfin, comme, malgré cette ascension, l'horizon était limité, il finit par faire cette concession à ses désirs, d'aller jeter un coup d'œil au loin, en dehors de la ligne des arbres de la promenade.

M. de la Graverie passa quatre longues heures sur ce banc, et il eut beau regarder, comme sœur Anne, il ne vit rien venir.

Plus le temps s'écoulait, plus il craignait que le chien ne reparût point : sans doute, c'était un hasard et non une habitude quotidienne qui avait amené le chien à cet endroit: le chevalier, qui y venait tous les jours, lui, ne l'avait jamais vu.

Après ces quatre heures d'attente, le chevalier était si bien décidé à emmener l'animal, si l'animal reparaissait, que, supposant le cas où l'animal ne voudrait pas, comme la veille, le suivre de bonne volonté, il avait préparé et roulé son mouchoir en corde, pour le lui passer autour du cou.

Ce fut inutile : le chevalier entendit sonner cinq heures sans avoir vu l'épagneul, ni même aucun animal qu'il eût eu la consolation de prendre un instant pour lui.

Le chevalier résolut de lui donner la demi-heure de grâce, au risque de ce que pouvait dire et penser Marianne, qui avait l'habitude de le voir rentrer tous les jours à quatre heures précises.

A cinq heures et demie, la promenade était complétement déserte.

Le chevalier, désappointé, pensa alors pour la première fois à son dîner, qui, depuis cinq heures, l'attendait, et qui devait être froid s'il attendait sur la table, brûlé s'il attendait sur le feu.

Il reprit, de fort mauvaise humeur, le chemin de la maison.

Du bout de la rue, il vit de loin Marianne, qui l'attendait sur le seuil de la porte.

Marianne s'apprêtait à prendre sa revanche et à secouer son maître d'importance, comme elle avait promis de le faire à deux ou trois voisines.

Mais, au moment où celle-ci allait ouvrir la bouche :

— Que faites-vous ici? demanda le chevalier d'un ton rude.

— Vous le voyez bien, monsieur, répondit Marianne, stupéfaite, je vous attends.

— La place d'une cuisinière n'est pas à la porte de la rue, dit sentencieusement le chevalier, mais dans sa cuisine et à côté de ses fourneaux.

Puis, flairant l'air qui venait du laboratoire comme disent les chimistes et les cordons bleus :

— Prenez garde! ajouta-t-il, de me servir un dîner brûlé; votre déjeuner de ce matin ne valait pas le diable.

— Ah! ah! fit Marianne en rentrant piteusement dans sa cuisine, il paraît que je m'étais trompée et qu'il s'en était aperçu. Décidément, il n'est pas amoureux... Mais, s'il n'est pas amoureux, qu'a-t-il donc?

VI

— Où Marianne est fixée sur les préoccupations du chevalier. —

Le chevalier rentra, mangea avec précipitation, trouva tout mauvais, bouscula Marianne, ne sortit pas le soir et passa une nuit presque aussi mauvaise et aussi tourmentée que la dernière.

Le soleil du lendemain trouva M. de la Graverie presque malade de la fatigue de cette seconde nuit; les tortures de son imagination avaient pris un tel caractère, que son désir de la veille, encore un peu vague, de devenir propriétaire de l'épagneul, s'était changé en une volonté bien arrêtée de le retrouver et de le posséder, à quelque prix que ce fût.

Comme Guillaume de Normandie, M. de la Graverie voulut brûler ses vaisseaux; il manda le menuisier, et, en face de Marianne, sans s'inquiéter de ses bras levés au ciel et de ses exclamations, il commanda une niche splendide pour son futur commensal; puis il sortit sous prétexte d'acheter une chaîne et un collier, mais, en réalité, pour aller au-devant du hasard qui devait lui ramener le chien tant désiré.

Cette fois, il ne se borna point à l'expectative, comme il avait fait la veille ; méprisant le qu'en dira-t-on, M. de la Graverie alla aux renseignements, inséra une annonce dans les deux journaux du département, et mit des affiches à tous les coins de rue.

Tout fut inutile : le chien avait paru et s'était éclipsé comme un météore, personne ne put fournir le moindre renseignement sur son compte. En quelques jours, M. de la Graverie devint maigre comme un clou et jaune comme un coing ; il ne mangeait plus, ou, quand il mangeait, il ne faisait qu'accomplir une fonction machinale, prenant des ortolans pour des alouettes et allant jusqu'à confondre un plat de laitance de carpe avec un blanc-manger. Il ne dormait plus, ou, sitôt qu'il s'endormait, il voyait luire dans un coin de la chambre les yeux de l'épagneul, brillants comme des escarboucles. Alors, il avait un mouvement de joie ; le chien était retrouvé, et il appelait le chien ; le chien alors venait à lui en rampant sans détourner une seconde ses yeux de ceux du chevalier, et, engourdi par cette fascination, le chevalier poussait un soupir, se laissait aller inerte sur son lit, les bras pendants ; le chien commençait de lui lécher la main de sa langue glacée, puis, peu à peu, montait sur le lit et finissait par s'asseoir, la langue pendante, rouge comme du sang et les yeux enflammés, sur la poitrine du chevalier; et ce cauchemar, qui durait quelques secondes, avait pour le malheureux toute une éternité de souffrances.

M. de la Graverie se réveillait plus brisé et plus trempé de sueur que ne l'était l'infortuné Dufavel, lorsqu'on le tira de son puits.

Vous comprenez bien que ces changements dans le côté physique du chevalier avaient leur contre-coup dans le côté moral.

Tantôt il était silencieux et morose comme un fakir absorbé dans la contemplation de son nombril, tantôt il était irascible et emporté comme un malade atteint d'une gastrite, et Marianne déclarait à tout le monde que l'histoire du chien n'était qu'un prétexte, que son maître était travaillé par quelque grande passion, et que la place n'était plus tenable, même pour elle dont chacun connaissait la douceur.

Autant pour employer la niche confectionnée par le menuisier que la chaîne et le collier choisis par lui, le chevalier déclara qu'il allait acheter un chien.

Cette déclaration fut un avis pour tout ce qui avait un chien à vendre.

On lui amena des chiens par vingtaines, depuis le chien turc jusqu'au chien du mont Saint-Bernard.

Mais il va sans dire que le chevalier ne put se décider à faire un choix.

Non, le chien de son cœur, c'était l'épagneul aux longs poils luisants, au blanc jabot, au museau couleur de feu, l'épagneul aux yeux doux et tristes, aux abois presque humains.

Il avait une raison pour repousser les uns après les autres les pauvres animaux qu'on lui présentait.

Si c'était un carlin, il voulait sa femelle pour perpétuer, disait-il, la race, et la femelle était naturellement introuvable; si c'était un bouledogue, il ressemblait à un gendarme de Chartres, et il craignait de se faire une mauvaise affaire; l'un était trop hargneux, l'autre trop sale; il reprochait aux lévriers, levrettes et levrins, leurs physionomies stupides. Il prétendait que les braques faisaient les yeux doux à tout le monde, et, après avoir épuisé le contingent des chiens disponibles dans l'arrondissement, le chevalier de la Graverie, de plus en plus frappé des qualités surnaturelles de l'épagneul noir, en arriva à s'étonner de la différence prodigieuse qui peut exister entre un chien et un chien.

Il y avait dix jours que ces péripéties passionnées avaient remplacé, dans la maison de la rue des Lices, le calme qui y avait régné pendant de si longues années.

C'était un dimanche; un soleil splendide réchauffait l'atmosphère; ses rayons, traversant sans obstacle les branches des arbres dégarnis de leurs feuilles, se concentraient sur les buttes à l'abri des vieilles murailles, et toute la population chartraine s'était donné rendez-vous sur les promenades pour jouir une dernière fois de cette douce température.

Des citadines au bras de leurs époux procédaient solennellement à l'exhibition hebdomadaire de leurs robes de soie; de joyeux caquetages, des éclats de rire bruyants, sortaient des bonnets des grisettes, pavoisés de rubans aux vives couleurs; les campagnardes des environs, avec leurs coiffures plates, leurs tailles courtes, leurs fichus rouges ou jaunes, toutes plus ébahies que joyeuses, passaient alignées comme des grenadiers interceptant par instants la circulation; les militaires, le jarret tendu, caressant leurs moustaches de la main droite, portant leurs sabres sous le bras gauche, se perdaient au milieu de cette foule multicolore avec des sourires qu'ils s'efforçaient de rendre séducteurs, tandis que les vieux bourgeois, dédaigneux de ces préoccupations fragiles et vaniteuses, se contentaient de jouir en épicuriens du dernier beau jour que Dieu leur donnait.

Le chevalier de la Graverie avait pris sa place au milieu de tous ces gens en quête de distractions; il y était venu autant par désœuvrement que par habitude : car, toujours obsédé par sa vision, à moitié fou de désespoir et d'insomnie, découragé par le peu de succès de ses recherches, il avait, quoiqu'il ne fût pas résigné, perdu tout espoir de retrouver le fantastique épagneul.

Ce n'était plus le promeneur béat et placide que nous avons rencontré au premier chapitre de cette histoire ; comme tous ceux que tourmente une plaie secrète, il était plus triste et plus morose en raison directe de la gaieté générale : cette gaieté lui paraissait une insulte à ses propres sentiments; le soleil lui-même lui semblait avoir fort mal choisi son jour pour reluire ; la foule l'agaçait ; il distribuait à droite et à gauche des coups de coude qui avaient la prétention de dire à ceux auxquels ils s'adressaient :

— Rentrez donc chez vous, mes braves gens, vous me gênez.

Tout à coup, au moment où notre chevalier, sentant croître sa mauvaise humeur, se demandait s'il n'agirait pas plus sagement en prenant pour lui le conseil qu'il donnait aux autres, et en regagnant sa maison, il poussa un cri qui fit retourner les personnes qui l'entouraient.

Le chevalier était pâle, les yeux fixes, les bras tendus.

Il venait d'entrevoir à cent pas de lui, dans la foule, un chien noir qui ressemblait poil pour poil à son épagneul.

Le chevalier voulut hâter le pas pour le rejoindre ; mais la cohue était en ce moment si compacte, que ce n'était point chose facile à exécuter.

Les belles dames regardaient d'un œil courroucé ce bonhomme qui dérangeait l'harmonie de leurs toilettes ; les grisettes ne lui épargnaient point les quolibets ; et quelques officiers, heurtés par lui, s'arrêtèrent pour lui dire d'un ton provocateur :

— Ah çà ! brave homme, portez donc attention à ce que vous faites !

Mais, de toutes ces plaintes, de toutes ces railleries, de toutes ces menaces, le chevalier ne s'inquiétait pas le moins du monde, continuant de se frayer un passage à la façon des navires, en laissant derrière lui un sillage écumeux et grondant.

Malheureusement, s'il avançait de son côté, l'animal qu'il poursuivait, glissait comme une couleuvre entre les jambes masculines, frottant les jupons des dames et des grisettes, avançant aussi, et, dans ce steeple-chase, l'avantage menaçait de ne pas rester au chevalier, si, s'élançant dans la contre-allée du rempart, et faisant une huitaine de pas en courant, il ne se fût mis au niveau du quadrupède.

C'était bien là l'épagneul qui avait si fortement impressionné le chevalier de la Graverie, c'était lui avec ses longues oreilles soyeuses, qui encadraient si coquettement son museau; c'était lui avec sa robe noire et lustrée et sa queue en panache.

Il y avait d'autant moins à en douter, que, se retournant comme tiré par un fil magnétique du côté de M. de la Graverie, il reconnut le chevalier, accourut vers lui, et lui prodigua les caresses les plus expressives.

Mais, en ce moment, une jeune fille à laquelle le chevalier n'avait pas fait la moindre attention, se retourna et fit entendre ce seul cri d'appel :

— BLACK !

L'animal fit un bond, et, sans écouter le chevalier, qui s'égosillait à crier de son côté : « Black ! Black ! Black ! » retourna vers la jeune fille, à grandes enjambées.

Le chevalier s'arrêta furieux, et frappant du pied. Il lui sembla, si inoffensif qu'il fût, qu'un ferment de haine et de jalousie se glissait dans son cœur contre cette jeune fille qui abrégeait les seuls instants de satisfaction qu'il eût eus depuis quinze jours.

Mais, au milieu de son désappointement, il éprouva un vif sentiment de joie.

Il avait la certitude que son épagneul existait ; ce n'était point, comme le barbet de Faust, un chien fantastique.

De plus, il savait son nom : il s'appelait Black.

Le chevalier éprouva cette sensation qu'éprouve le jeune homme amoureux, lorsque pour la première fois il entend prononcer le nom de la femme qu'il aime, et, après l'avoir crié tout haut et, comme on l'a vu, sans succès, il répéta plusieurs fois :

— Black ! mon cher Black ! mon petit Black !

Mais ce ne fut pas le tout ; on comprend bien que M. de la Graverie, qui avait passé une revue presque complète de la race canine pour retrouver son phénix, ne devait pas laisser échapper ainsi l'occasion d'en devenir propriétaire ; il était bien décidé à séduire la jeune maîtresse de Black, non par l'emploi de ses charmes personnels, mais par l'élévation du prix qu'il en voulait offrir.

Seulement, toute cette grande résolution se brisa contre le respect humain ; le chevalier de la Graverie, avec le caractère que nous lui connaissons, craignait avant tout le ridicule; il ne put donc se résoudre à entreprendre son marché en plein air; il pensa que ce qu'il y avait de plus sage à faire était de suivre la jeune fille jusqu'à son logis, et, arrivé là, loin des oreilles et des regards des curieux, d'entamer cette importante négociation.

Malheureusement, le pauvre chevalier, qui de sa vie n'avait pratiqué le métier de séducteur, ignorait complétement les petits manéges qui permettent de suivre une femme sans mettre le public dans la confidence.

Désireux de se rapprocher de l'objet de ses vœux, il ne trouva donc rien de plus naturel que de courir jusqu'à ce qu'il n'en fût plus qu'à dix pas de distance; puis, arrivé là, il marcha derrière la jeune fille, emboîtant le pas avec elle lorsque la foule obligeait celle-ci à ralentir sa marche.

A la vue de ce pas méthodiquement réglé sur un autre pas, et en voyant l'âge de la jeune fille suivie par le chevalier, on comprendra que, sans grands efforts d'imagination, tous les Chartrains échelonnés sur le tour de ville, supposèrent au chevalier des intentions graveleuses qui étaient bien loin de sa pensée, et que, dans tous les groupes, on entendit des phrases dans le genre de celle-ci :

— Avez-vous vu ce vieux libertin de la Graverie, qui poursuit une fillette en plein jour? Mais c'est d'une inconvenance inouïe!

— Eh! eh! la petite est jolie.

C'est ce que le pauvre chevalier ignorait complétement.

— Ma chère, répondait la même femme qui avait entamé la conversation, j'ai toujours eu mauvaise opinion d'un homme qui dépense toute sa fortune en goinfreries.

— Savez-vous qu'il va être difficile de le recevoir après un pareil scandale?... Mais voyez donc, les yeux lui sortent de la tête. Bon! voilà maintenant qu'il caresse le chien pour arriver à la fille.

Sans se douter de l'indignation que causait sa conduite, le chevalier continuait de suivre le chien.

Quant à la maîtresse du chien, à laquelle, comme nous l'avons dit, le chevalier n'avait fait aucune attention, c'était une jeune fille de seize à dix-sept ans, mince et frêle, mais remarquablement belle; elle avait le teint de cette blancheur mate qui est la pâleur des femmes brunes, des yeux noirs auxquels la longueur de leurs cils donnait une expression mélancolique, des sourcils également noirs, finement arqués, et, par un bizarre contraste avec cette merveilleuse mateur, d'admirables cheveux d'un blond cendré, dont les bandeaux épais débordaient de dessous un petit chapeau de paille.

Quant à sa mise, elle était plus que simple : sa petite robe de mérinos, quoique propre, n'avait point le lustre qui distingue ordinairement, chez les femmes à la classe desquelles elle semblait appartenir, le vêtement du dimanche. On voyait que cette modeste toilette avait dû partager les travaux de sa propriétaire, et l'on en arrivait à présumer qu'elle composait toute sa garde-robe.

La jeune fille finit par remarquer avec tout le monde, quoique après tout le monde, la persistance avec laquelle le vieux monsieur s'était attaché à ses pas ; elle marcha plus vite, espérant ainsi s'en débarrasser ; mais, lorsqu'elle arriva à une des barrières qui défendent aux chevaux et aux voitures l'entrée des promenades réservées aux piétons, forcée de s'arrêter pour laisser passer ceux qui la précédaient, elle se trouva côte à côte avec le chevalier, qui profita de cette circonstance, non pas pour faire connaissance avec elle, mais pour renouveler connaissance avec l'épagneul.

Pour la seconde fois, la jeune fille rappela le chien ; puis, pensant, comme tout le monde, que le chien n'était qu'un prétexte adopté par le chevalier pour arriver à elle, elle tira une petite laisse de sa poche, la passa dans le collier de l'animal et reprit sa course sans jeter un coup d'œil en arrière.

Mais, si occupé qu'il eût été des faits et gestes du quadrupède, M. de la Graverie n'avait pu, sans penser à mal le moins du monde, s'empêcher de jeter un coup d'œil sur sa propriétaire pendant qu'elle accomplissait le petit manége que nous avons dit.

Il jeta un cri d'étonnement et demeura immobile à sa place.

Cette jeune fille ressemblait d'une manière étrange à madame de la Graverie.

Pendant cette pause, commandée par l'étonnement, l'enfant avait fait une trentaine de pas.

Cette ressemblance avec Mathilde n'était pour le chevalier de la Graverie qu'un motif de plus de suivre la propriétaire du chien; il se remit donc à trotter de plus belle à sa poursuite.

Mais la peur prêtait à la jeune fille des ailes d'autant plus rapides, qu'elle avait quitté la promenade pour suivre une rue écartée; de sorte que, bien que le chevalier suât sang et eau, chaque minute lui faisait perdre du terrain.

Si le chevalier n'avait point affaire à Atalante elle-même, il avait à coup sûr rencontré sa sœur.

On était arrivé à cet endroit de la ville que l'on

nomme les Petits-Prés, endroit presque désert ; là, malgré ses efforts, le chevalier s'apercevant que la jeune fille augmentait à chaque pas la distance qui le séparait d'elle, changea de tactique, et, de sa voix la plus caressante :

— Mademoiselle, cria-t-il, mademoiselle, je vous supplie, arrêtez-vous ! je suis véritablement sur les dents.

Mais l'enfant n'avait garde de se rendre à la prière de celui qu'elle regardait comme son persécuteur, et, au lieu de s'arrêter, elle pressa encore le pas.

Le chevalier crut qu'il n'avait pas été entendu, rapprocha ses deux mains pour s'en faire un porte-voix, et il prenait sa respiration pour substituer une voix de basse à la voix de ténor qu'il avait employée pour le premier appel, lorsque le sourire railleur qu'il remarqua sur plusieurs physionomies l'arrêta court.

Le chevalier se remit en marche ; seulement, cette fois, il ne trottait plus, il courait.

Mais, plus il courait, plus la jeune fille courait aussi, et plus, par conséquent, il voyait la distance s'agrandir ; il n'aperçut bientôt plus la jeune fille que par intervalles, et il l'eût perdue de vue, sans deux points qui rattachaient incessamment ses yeux sur elle : les rubans écossais de son chapeau de paille, et Black, qui formait un point noir dans la perspective.

En arrivant à la porte Guillaume, M. de la Graverie ne vit plus rien du tout.

Le chevalier s'arrêta.

Avait-elle gagné le faubourg? était-elle rentrée dans la ville? Telle était la question qui tenait M. de la Graverie en suspens.

Après quelques minutes d'hésitation, après avoir appuyé d'abord vers le faubourg, M. de la Graverie se décida pour la ville, et s'engagea sous les voûtes sombres de la vieille porte.

Mais, après l'avoir franchie, ses hésitations recommencèrent.

Il y avait deux rues, l'une à droite, l'autre à gauche, et le pauvre chevalier perdit encore beaucoup de temps à supputer les chances qu'il y avait pour que la jeune fille eût plutôt pris l'une que l'autre; et, comme ces embarrassantes alternatives se renouvelèrent toutes les dix minutes, la nuit était complétement tombée, que M. de la Graverie battait encore le pavé de la bonne ville de Chartres sans avoir retrouvé la trace de ce qu'il cherchait.

Le chevalier était tellement harassé et découragé, qu'il ne put, au risque de ce que penserait Marianne, se décider à regagner sa maison.

En conséquence, il entra dans le premier café venu, s'assit à une table et demanda un bouillon.

Il fallait que le pauvre chevalier, qui, souvent, veillait lui-même à la confection de son pot-au-feu, lorsqu'il trouvait que le zèle de Marianne se refroidissait, fût bien peu au courant des us et coutumes de ces sortes d'établissements pour demander un bouillon dans un pareil lieu ; aussi, à peine eut-il touché du bout des lèvres celui qu'on lui présenta, qu'il laissa échapper un *pouah!* des plus significatifs ; et, reposant sa cuiller sur la table, il se mit à grignoter le petit pain qui avait servi d'accompagnement à l'affreux brouet, et que, par bonheur, on n'avait pas eu l'idée d'émietter dans le potage.

Tout en grignotant son petit pain, le chevalier se hasarda à regarder autour de lui.

Il était tombé dans un café que hantaient les officiers de la garnison : pour un paletot ou une redingote, on y voyait dix uniformes ; les chapeaux d'ordonnance, les casques, les sabres et les épées, pendus aux murailles, donnaient à la décoration un aspect assez pittoresque ; sous chaque table s'allongeaient des pantalons garance, sur chaque tabouret s'épanouissaient des fracs et des vestes passepoilés de rouge, les uns apprenant la stratégie en faisant manœuvrer le double six, les autres se livrant à des expériences d'ingurgitations diverses, ceux-ci dormant sans prétention, ceux-là cuvant leur café ou leur absinthe, et faisant semblant de penser à quelque chose.

A droite et à gauche se croisaient les intéressantes conversations qui charment les loisirs que laisse Mars à ses enfants.

Ici, l'avancement, cette thèse inépuisable des ambitions à épaulettes, fournissait une ample matière aux récriminations de chacun.

Là, on discutait gravement de la coupe en écusson, en cœur ou en carré d'une sabretache et de la supériorité de l'ancienne botte sur la nouvelle.

On faisait la théorie de l'astiquage des chaussures, tandis que, plus loin, on préparait des loisirs aux rédacteurs de l'*Annuaire militaire*, en recherchant, avec force discussions, appréciations et commentaires, les mutations des différents camarades que l'on avait connus.

Ces jolies choses se disaient à voix retentissante; pas un mot n'en était perdu pour la galerie; il en résultait que les *pékins* désireux de s'instruire pouvaient largement en profiter.

L'enseigne de ce café-auberge était: *le Soleil luit pour tout le monde.*

Seuls, deux sous-lieutenants avaient mis des sourdines à leur conversation.

VII

— Les deux sous-lieutenants. —

Ces deux sous-lieutenauts étaient les plus proches voisins de M. de la Graverie, qui, quelque précaution qu'ils y missent, se trouvait presque malgré lui-même en tiers dans leurs confidences.

L'un des deux officiers pouvait avoir vingt-quatre à vingt-six ans : sa tête était couverte de cheveux d'un roux ardent, et, malgré cette témérité de nuance, il avait une physionomie qui ne manquait ni d'une certaine distinction ni d'un certain charme.

Le second était ce que l'on est convenu d'appeler un beau soldat.

Il avait cinq pieds six pouces, les épaules larges, la taille si mince, que les jaloux, — et de tels avantages en rencontrent toujours, — que les jaloux, disons-nous, assuraient que cette prodigieuse exiguïté n'était due qu'à des moyens artificiels empruntés au beau sexe.

Cette taille faisait admirablement ressortir le développement pectoral et l'exagération des hanches, qu'augmentait encore l'ampleur d'un pantalon que l'on eût cru doublé de crinoline, si la crinoline eût été inventée à cette époque ; cette supériorité physique était complétée par une figure où s'épanouissaient tous les roses, tous les rouges et tous les violets, jusqu'au bleu inclusivement : cette dernière couleur, produite par une barbe noire qui, si soigneusement rasée qu'elle fût, se manifestait encore par la vigueur de ses teintes. Ce visage, remarquable, comme on le voit, sous tant de rapports, était, en outre, orné d'une paire de moustaches si soigneusement graissée et enduite d'un cosmétique si redoutable, que, de loin, on eût juré qu'elle était en bois ; un nez fortement relevé à son extrémité épanouissait à sa base sa double narine au-dessus de ces moustaches, et, par son extrémité supérieure, séparait deux gros yeux à fleur de tête dont le regard n'indiquait pas que l'intelligence eût jamais pu entraver la croissance de leur propriétaire.

Le sourire qui se dessinait sur les lèvres épaisses du sous-lieutenant n'était pas précisément spirituel ; mais il semblait si heureux et si satisfait du lot que la nature lui avait concédé en partage, que l'on n'aurait pu, sans barbarie, oser avertir ce brave jeune homme qu'il avait quelque chose à regretter en ce monde.

— Il faut avouer, mon cher ami, que vous êtes considérablement jeune, disait ce bel officier à son compagnon. Comment! depuis un mois, une grisette vous reçoit dans sa chambre; elle est jolie, et vous n'êtes point dégoûtant; elle a dix-huit ans, et vous n'êtes pas un barbon; elle vous plaît, et vous lui plaisez, et, mille cigares! vous en êtes encore à ce qu'il y a de plus purissime et de plus platonique en amour. Savez-vous, mon cher Gratien, qu'il y a là de quoi déshonorer tout le corps d'officiers, depuis le colonel jusqu'au trompette-major, de quoi défrayer enfin, pour une année, la gaieté des glorieuses culottes de peau que Sa Majesté le roi Louis-Philippe nous a données pour camarades.

— Ah! mon cher Louville, répondit celui qui venait d'être interpellé sous le prénom de Gratien, tout le monde n'a point votre audace; je ne me vante pas d'être un grand vainqueur, moi; il y a plus, la présence d'un tiers suffit pour me glacer au moment où je suis le plus amoureux.

— Comment! d'un tiers? exclama le sous-lieutenant en se redressant sur sa chaise et en s'assurant que ses moustaches avaient toujours la rigidité d'une alène; ne m'avez-vous point dit qu'elle était seule, isolée ; qu'elle avait le bonheur d'être un de ces heureux enfants du hasard qui ne possèdent ni père, ni mère, ni frère, ni oncle, ni cousin; enfin, aucun de ces nuages qui assombrissent pour ces pauvres filles les seuls bons moments de leur existence, en leur parlant sans cesse de ménage et de sacrement avec quelque honnête ébéniste ou quelque loyal chaudronnier, tandis que l'officier et surtout le sous-lieutenant peut les rendre fières et heureuses comme des reines, sans prendre la moitié autant d'embarras ?

— Je vous ai dit la vérité, Louville, elle est tout ce qu'il y a de plus orpheline, répondit Gratien.

— Eh bien, qui vous arrête alors ? qui vous retient ? Mademoiselle Francotte, sa maîtresse de magasin, se donnerait-elle le genre de venir écouter les douceurs que vous glissez dans le tuyau de l'oreille de votre amoureuse ? Veut-elle savoir, la vénérable bécasse, si l'amour se conte aujourd'hui d'une autre façon qu'en 1808, ou bien aurait-elle pris des mœurs en se raccornissant ? S'il en est ainsi, plantez-vous carrément en face, Gratien, et parlez-lui d'un souper dans lequel les hussards du 5ᵉ l'ont passée au noir de fumée pour la punir d'avoir entrepris, non pas la multiplication des pains et des poissons, mais celle des amants. Hein ! qu'en dites-vous ? Il me semble que je vous donne là un assez bon spécifique pour vous débarrasser de cet oiseau de malheur.

Gratien secoua la tête.

— Ce n'est point tout cela, dit-il.

— Qu'est-ce donc, alors? demanda Louville.

— La Francotte la laisse parfaitement libre, comme ses autres ouvrières.

Et il poussa un soupir.

— Alors, reprit Louville, c'est donc le propriétaire de la chambre?

— Non.

— Ah! ou bien une amie, une amie jalouse? J'y suis; rien de tel pour sauvegarder la vertu des filles. Je me dévoue.

— Comment cela?

— Je me charge de l'amie, fût-elle laide à faire peur. Hein! c'est du dévouement cela, ou je ne m'y connais point.

— Vous n'y êtes pas, cher ami.

— Mais, mille cigares! qu'est-ce donc?

— Vous allez rire, Louville. Savez-vous ce qui me fait rentrer dans la gorge les mots et les prières d'amour qui ne demandent pas mieux que de prendre leur essor? savez-vous qui contient, ou plutôt qui retient toutes les libertés que je meurs d'envie de prendre, qui glace mes élans les plus passionnés, qui me fait balbutier au milieu d'une phrase commencée, qui me rend chaste et pudique, bête et ridicule, lorsque je voudrais être toute autre chose? Devinez, je vous le donne en cent !

— Quand vous me le donneriez en mille, nous n'en serions pas plus avancés. Voyons, accouchez, Gratien ; vous savez que les rébus ne sont pas mon fort.

— Eh bien, mon cher Louville, ce qui préserve Thérèse des projets que j'avais sur elle, ce qui l'a défendue jusqu'ici, ce qui est cause qu'elle n'est point et ne sera jamais ma maîtresse, c'est tout simplement ce grand diable d'épagneul noir qui ne la quitte jamais.

— Hein? fit le chevalier.

— Plaît-il, monsieur? dit Louville en regardant le chevalier ; est-ce que l'on vous a marché sur le pied, par hasard?

— Non, monsieur, dit le chevalier en se rasseyant avec son humilité ordinaire.

Louville se retourna vers Gratien en murmurant :

— En vérité, ces bourgeois sont incroyables.

Puis, revenant à la conversation :

— J'ai mal entendu, n'est-ce pas? murmura-t-il.

— Non.

Louville éclata de rire, et son rire fut d'autant

plus formidable, que, pendant un instant, il avait cru devoir le contenir.

Les vitres du café en remuèrent.

Le chevalier profita du moment où le jeune homme, renversé en arrière, se tenait les côtes, pour tourner le dos aux deux officiers, mais pour se rapprocher d'eux en leur tournant le dos.

— Ah! c'est charmant! s'écria Louville lorsque son hilarité fut un peu calmée; le dragon des Hespérides ressuscite à votre propos, Gratien; c'est délirant, ma parole d'honneur!

Gratien se mordit les lèvres.

— Je m'attendais trop à ces éclats de rire, dit-il, pour m'en offenser, et cependant ce que je vous raconte est de la plus grande exactitude; lorsque je hasarde une phrase un peu sentimentale, cette infernale bête se met à gronder comme si elle voulait avertir sa maîtresse; si je continue, elle aboie; si j'insiste, elle passe au hurlement, et sa voix couvre la mienne; je ne puis cependant pas dire à Thérèse : « Chère amie, je vous adore, » en prenant le diapason d'une meute.

— Alors, mon cher, dit Louville, remplacez la parole, comme on fait de la musique dans les opéras de province, par une pantomime vive et animée.

— Une pantomime! ah! bien oui, c'est autre chose; imaginez que ce damné chien ne peut souffrir la pantomime. Lorsque je me permets un geste, il ne grogne plus, il n'aboie plus, il ne hurle plus, il montre les dents ; si je ne m'arrête point à la démonstration, il fait mieux que de les montrer, il me les plante dans les chairs, et c'est gênant pour parler d'amour, sans compter que, dans la lutte grotesque qui résulte de ce dissentiment dans nos opinions, je dois paraître fort ridicule à celle que j'adore.

— Et par aucun moyen vous n'avez pu capter la bienveillance de cet abominable quadrupède?

— Par aucun.

— Mais, mille cigares! quand nous étions au collége, époque que je ne regrette pas, est-ce que nous ne lisions pas dans le cygne de Mantoue, comme l'appelait notre professeur, qu'il y avait quelque part une boulangerie qui fabriquait des gâteaux à l'usage de Cerbère?

— Black est incorruptible, mon cher.

Le chevalier tressaillit ; mais ni Gratien ni Louville ne virent ce tressaillement.

— Incorruptible? C'est fait pour toi.

— Je bourre mes poches de friandises à son intention ; il les mange avec reconnaissance, mais reste toujours prêt à me traiter comme mes cadeaux.

— Et il ne dort pas? il ne sort jamais?

— Il y a quinze ou vingt jours, il a été absent pendant une soirée et une nuit; j'espérais qu'il ne reviendrait pas, mais il est revenu.

— Et depuis?

— Il n'a pas bougé; il faut que le damné chien soit doué d'une seconde vue.

— Je crois plutôt, répondit Louville, que votre Thérèse est une fille beaucoup plus fine que vous ne pensez, et qu'elle a dressé ce chien au manége qui déconcerte votre plan.

— Enfin, quoi qu'il en soit, je suis à bout de patience, mon cher, et, ma foi ! bien près d'abandonner la partie.

— Vous auriez tort.

— Pardieu ! je voudrais bien vous voir à ma place.

Le chevalier écoutait de toutes ses oreilles.

— A votre place, mon cher Gratien, répondit Louville, il y a quinze jours que mademoiselle Thérèse me recoudrait des boutons à mes gilets de flanelle, et, ce soir, je la ferais souper avec MM. les sous-lieutenants pour expérimenter devant vous tous de la quantité de champagne que peut ingurgiter, sans rouler sous la table, une grisette habituée à boire de l'eau claire.

Le chevalier frissonna sans savoir pourquoi.

— Ah ! mon cher Louville, que vous ne la connaissez guère ! dit Gratien avec un soupir.

— Bon! j'en connais d'autres, répondit M. Louville en caressant amoureusement sa moustache; une grisette est une grisette, que diable!

— Et le chien, dont nous ne parlons plus, dit Gratien.

— Le chien! répliqua Louville en haussant les épaules, le chien! Mais pour qui confectionne-t-on les boulettes et les éponges frites?

A ces paroles, le chevalier fit un soubresaut sur sa chaise.

— Ah çà! dit Louville de manière à être entendu de Dieudonné, voilà un bourgeois qui m'a l'air piqué de la tarentule!

Et il regarda de travers du côté du chevalier, espérant que celui-ci se retournerait, et que cela lui ferait une occasion de chercher querelle.

Mais le chevalier n'avait garde; il était trop curieux de suivre la conversation des deux jeunes gens.

— Ah! ma foi, non! dit Gratien; tous ces moyens me répugnent; d'ailleurs, je suis chasseur, et j'aime mieux manquer la fille que de faire le moindre mal à cette magnifique bête.

— Bon jeune homme! murmura le chevalier.

— Eh bien, alors, dit Louville, prenez un parti, mon cher Gratien; renoncez à Thérèse et je verrai alors, moi, si je ne suis pas plus heureux que vous.

— Ah! ah! vous voulez que je vous cède la place, dit Gratien, dont la physionomie s'assombrit.

— Mieux vaut la céder à un ami, ce me semble, que de la laisser prendre à un indifférent.

— Ce n'est pas mon avis, répondit Gratien; et puis, tenez, Louville, je veux ménager votre amour-propre et vous épargner la honte d'une défaite.

— Bon! croyez-vous que votre Thérèse serait la première bégueule que j'aurais rencontrée?

— Je sais que vous êtes un grand vainqueur, Louville, dit Gratien; mais, ajouta-t-il avec un sourire qui n'était pas exempt d'ironie, je ne pense pas que vous ayez ce qu'il faut pour plaire à celle-là.

— Eh bien, c'est ce que nous verrons, alors.

— Comment! c'est ce que nous verrons?

— Je vous jure, s'écria Louville, dont le visage s'empourpra de colère, je vous jure, puisque vous m'en défiez, que j'aurai cette fille, et, pour vous prouver l'entière confiance que j'ai dans votre maladresse, je vous laisse encore huit jours avec toutes coudées franches; dans huit jours seulement, je commencerai l'attaque.

— Quand même je vous prierais de n'en rien faire, Louville?

— Ma foi, oui, quand même vous me prieriez de n'en rien faire. Vous avez eu tout à l'heure avec moi un petit air gouailleur qui m'est resté sur l'estomac.

— Et le chien? dit Gratien en essayant de rire.

— Le chien? répondit Louville; comme je veux que, pendant ces huit jours, vous ayez le jeu aussi beau que je compte me le faire, nous en serons débarrassés dès ce soir.

Le chevalier, qui, par contenance, buvait à petits coups un verre d'eau sucrée, faillit s'étrangler en entendant les paroles de Louville.

— Dès ce soir? répéta Gratien ne sachant s'il devait accepter ou refuser la proposition de son camarade.

— N'avez-vous pas ce soir, à neuf heures, rendez-vous avez Thérèse à la porte Morard? dit Louville. Eh bien, allez à votre rendez-vous, et je vous jure que vous pourrez, tout à votre aise, roucouler avec votre tourterelle, sans avoir peur d'être traité par M. Black en bourgeois de Saint-Malo.

M. de la Graverie n'en écouta point davantage; il se leva précipitamment, regarda à sa montre et sortit du café d'un air effaré, qui excita les commentaires des habitués.

Le chevalier, en effet, était si effaré, qu'à dix

pas du café, il fut rejoint par un garçon qui lui fit poliment observer qu'il s'en allait sans payer.

— Oh! mon Dieu! s'écria le chevalier, sac à papier! vous avez raison, mon ami; tenez, voici cinq francs, payez ma dépense et gardez le reste pour vous.

Et le chevalier se mit à courir de toute la longueur de ses petites jambes.

Il était évident pour le chevalier qu'un grand danger menaçait le chien qu'il convoitait.

VIII

— Où M. le chevalier de la Graverie passe par des angoisses inexprimables. —

Ce que l'officier nommé Gratien avait dit de l'intelligence miraculeuse de l'animal, avait singulièrement frappé Dieudonné.

A mesure que les deux officiers parlaient de Black, et que Gratien l'exaltait, ses préoccupations à l'endroit de la métempsycose revenaient à son esprit plus vives que jamais.

Il va sans dire qu'il ne doutait pas que son épagneul ne fût le Black de Thérèse, pas plus qu'il ne doutait que Thérèse ne fût la maîtresse de Black, c'est-à-dire la jeune fille qu'il avait vue.

Il se décida donc sans hésiter à soustraire le pauvre animal aux mauvais desseins que le sous-lieutenant Louville avait manifestés contre lui, et qu'il s'apprêtait à exécuter le même soir.

Il prit le chemin qui conduisait à la porte Morard, dans l'intention de prévenir la jeune fille du danger que couraient à la fois, et sa vertu, et le gardien de sa vertu.

En outre, il comptait, tenant encore plus à la vie de Black qu'à la vertu de la jeune fille, lui offrir du chien une bonne somme d'argent.

— Mais, si elle refusait de se séparer de Black! marmottait le chevalier tout en trottinant. — Bon! continuait-il, je doublerais le prix : j'en offrirais jusqu'à trois cents, jusqu'à quatre cents, jusqu'à cinq cents francs, et, pour cinq cents francs, sac à papier! une grisette donne, il me semble, bien autre chose que son chien. — Puis, en cas d'insuccès, reprenait-il résolûment, j'aviserai ; sac à papier! Je ne veux pas m'exposer à rencontrer mon pauvre Dumesnil se débattant au coin d'une borne, empoisonné dans la peau de mon pauvre Black.

Il fallait que le chevalier fût bien exaspéré pour risquer deux fois, et à si courte distance l'une de l'autre, un juron qu'il ne lâchait que dans de grandes occasions.

Mais, lorsque le chevalier arriva à la porte Morard, il trouva la promenade parfaitement déserte.

Il la fouilla dans tous les sens, sonda de l'œil les anfractuosités de la porte; mais il n'aperçut ni passant ni passante; neuf heures venaient de sonner à la cathédrale, et, à cette heure-là, Chartres tout entier se met au lit.

Il commençait à craindre d'avoir mal entendu, mal compris; il éprouvait, en comptant les minutes, toutes les émotions qui bouleversent le cœur d'un amoureux, lorsqu'il attend la femme qu'il aime et que cet amour est son premier amour !

Enfin, le chevalier entendit des pas dans l'ombre et, à force d'écarquiller les yeux, aperçut une forme féminine qui se dessinait, vague et confuse, dans l'encadrement de la porte Morard.

Le chevalier allait s'élancer en avant lorsque cette forme, en passant sous un réverbère, s'adjoignit une autre forme qui semblait l'attendre.

C'était trop tard; Thérèse venait d'être rejointe.

Par qui?

Par Gratien probablement.

Le chevalier éprouva une vive impatience.

Il lui fallut recourir aux ruses des coureurs des bois d'Amérique, aux stratagèmes de Natty Bas-de-Cuir et de Costa l'Indien; ce qui, tout à la fois, ne cadrait pas avec ses habitudes et répugnait à son caractère.

Par malheur, il n'y avait pas une minute à perdre en réflexions s'il tenait à n'être point aperçu; le chevalier se laissa donc glisser vivement sur le talus qui conduit à la rivière, et s'y coucha à plat ventre.

Le gazon humide et froid qui lui servait de tapis, le fit frissonner; il y avait un rhumatisme dans chaque brin d'herbe.

C'était bien le moment de déplorer l'effervescence de ses passions.

Le chevalier la déplora du fond du cœur, mais resta à sa place, tout imprégnée de rosée qu'elle était.

Pendant ce temps, les deux jeunes gens débouchaient du pont et passaient à dix pas de lui.

Oh ! c'était bien la jeune fille que Dieudonné avait poursuivie le matin; c'était bien l'officier aux cheveux roux dont il avait surpris les confidences.

Black marchait derrière eux, emboîtant le pas avec une gravité qui indiquait chez l'honnête animal la conscience qu'il avait de la moralité de ses fonctions actuelles.

L'officier, si l'on en jugeait à ses gestes, quoique parlant à demi-voix à sa compagne, lui parlait avec une certaine véhémence ; la jeune fille paraissait l'écouter avec attention ; son attitude était triste et mélancolique.

De temps en temps, la silhouette de l'épagneul se découpait en noir sur la surface plus claire de la robe de sa maîtresse, et il levait la tête à la hauteur de sa main pour quêter une caresse.

Tout à coup, le chevalier entendit le pas d'une personne qui s'avançait sur le pont et marchait avec toutes sortes de précautions.

Il tourna la tête du côté d'où venait le bruit ; mais sans doute le nouvel arrivant marchait courbé derrière le parapet, car il ne put rien distinguer.

En ce moment, les deux promeneurs revenaient à la hauteur du poste où le chevalier était en observation ; aussi le bruit qui avait frappé l'oreille de ce dernier cessa-t-il tout à coup.

Puis, lorsque les jeunes gens, rebroussant chemin, eurent fait une cinquantaine de pas dans la direction opposée, M. de la Graverie entendit distinctement le son mat d'un corps mou lancé sur le sol, et il lui sembla voir un objet de la grosseur d'un œuf rouler à quelques pas de lui au milieu de la promenade; après quoi, il reconnut que l'individu invisible, mais qui si clairement venait de manifester sa présence, s'éloignait avec précipitation.

Mademoiselle Thérèse et M. Gratien étaient alors au bout de la promenade.

Le chevalier calcula qu'il avait le temps d'accomplir l'honnête projet pour lequel il était venu.

Il se dressa sur ses pieds, et, avec une prestesse dont il se fût cru incapable, il bondit sur la chaussée, et, au risque des inconvénients graves qui pouvaient en résulter, il promena ses mains dans la boue et se mit à chercher avec anxiété ce qu'il supposait être une amorce préparée pour tenter la gourmandise du pauvre Black.

Tout n'était pas rose dans les fonctions du chevalier; mais, après deux ou trois erreurs, dont la subtilité de son tact l'avertit à l'instant même, il tomba sur ce qu'il cherchait, et reconnut que c'était un morceau de viande, selon toute probabilité saupoudré d'arsenic.

Il jeta au loin le morceau de viande et l'entendit avec satisfaction tomber dans la rivière.

Mais l'idée coupable de Louville lui avait inspiré, à lui, une idée innocente et selon son caractère.

C'était, de même que le Petit-Poucet avait semé des cailloux qui devaient le ramener à la maison, de semer des morceaux de sucre qui devaient conduire Black jusqu'à lui.

Il lui passait bien un remords dans le cœur, si son stratagème réussissait.

Ce remords, c'était de prendre un chien qui ne lui appartenait pas et, en le prenant, de désarmer la vertu de la jeune fille.

Mais, s'il ne s'emparait pas immédiatement de Black, Black était perdu.

Son intention avait été, non de prendre Black, mais de l'acheter à la jeune fille.

Seulement, pourquoi la jeune fille ne s'était-elle pas présentée seule à sa vue?

Seule, il l'eût avertie.

Au bras de Gratien, c'était impossible.

Il était donc la victime des circonstances, et l'enlèvement de Black, étant un enlèvement forcé, devenait un enlèvement excusable.

D'ailleurs, il comptait bien, s'il pouvait s'emparer de Black, ne pas le garder sans donner un splendide dédommagement à sa maîtresse.

Le chevalier, couché à plat ventre sur son talus, faisait toutes ces réflexions en voyant les amoureux se rapprocher de lui.

L'effet sur lequel comptait le chevalier fut produit.

En trouvant le premier morceau de sucre vers

lequel le conduisit la finesse de son odorat, Black manifesta une vive satisfaction.

Il laissa sa maîtresse le devancer.

Puis, au lieu de la suivre, il se mit en quête du second morceau de sucre.

Enfin, de morceau de sucre en morceau de sucre, il arriva jusqu'à la place où le chevalier l'attendait couché, un morceau de sucre à la main.

Tout en lui offrant sa friandise, le chevalier le siffla doucement.

Le chien, en reconnaissant un homme des procédés duquel il n'avait qu'à se louer, — Black était trop intelligent et trop équitable pour confondre les seaux d'eau de Marianne avec les morceaux de sucre du chevalier — Black, en reconnaissant, disons-nous, un homme des procédés duquel il n'avait qu'à se louer, approcha sans méfiance et même en manifestant une certaine satisfaction. Le chevalier commença par le caresser perfidement; puis, abusant de la confiance de Black et prenant son temps, il lui passa son mouchoir en guise de collier, fit un nœud solide, continua de l'amuser avec des morceaux de sucre jusqu'à ce que sa maîtresse, trop préoccupée pour s'apercevoir de son absence, fût revenue sur ses pas et l'eût dépassé sur la chaussée, et, suivant le talus jusqu'au pont, il entraîna Black avec lui; au pont, il se courba comme avait fait Louville, de sorte qu'il franchit le pont sans être vu. Le pont franchi enfin, il s'enfonça dans la ville, traînant bon gré mal gré sa conquête tant convoitée.

Lorsque M. de la Graverie fut devant sa maison, il introduisit doucement la clef dans la serrure et essaya de faire tourner sans bruit la porte sur les gonds; mais le fer rouillé grinça et eut pour écho le terrible *qui va là?* de Marianne.

Immédiatement, la gouvernante parut dans le corridor; d'une main, elle tenait une chandelle, tandis que, de l'autre, elle essayait d'en abriter la flamme et de la garantir du vent qui s'engouffrait sous la porte.

— Qui va là? répéta Marianne.

— Moi! que diable! répondit le chevalier, en repoussant derrière lui sa conquête, et en faisant tous ses efforts pour la dissimuler; ne puis-je donc plus rentrer chez moi sans subir votre espionnage?

— Espionnage! répéta Marianne, espionnage! sachez, monsieur le chevalier, qu'il n'y a que les gens qui font le mal qui redoutent l'œil du prochain.

En ce moment, la cuisinière aperçut le désordre qui régnait dans les vêtements du chevalier.

— Ah! mon Dieu! s'écria-t-elle faisant deux pas

en arrière, comme si elle eût vu un spectre, ah! mon Dieu!

— Eh bien, quoi? fit le chevalier en essayant de passer.

— Mais vous êtes sans chapeau !

— Après? Ne puis-je pas me promener tête nue, si cela me plaît ?

— Vos habits sont tout souillés de boue !

— J'ai été éclaboussé.

— Éclaboussé! Quelle vie menez-vous; sainte Vierge, pour rentrer dans des états pareils et à des heures aussi indues !

En ce moment, Black, qui jusqu'alors s'était tenu assez tranquille, excité par la voix aigre et perçante de Marianne, — qu'en outre il reconnaissait, peut-être, pour sa vieille ennemie, — Black à son tour fit entendre un aboi formidable.

— Ah! ma foi, tant pis ! dit le chevalier.

— Juste ciel! un chien ! glapit Marianne; et quel chien! une horrible bête toute noire avec deux yeux brillants comme des charbons. Retenez-le, monsieur, retenez-le! ne voyez-vous pas qu'il va me dévorer !

— Voyons, tenez-vous tranquille, et laissez-moi passer.

Mais ce n'était pas l'intention de Marianne de céder ainsi.

— Qu'allons-nous devenir? reprit-elle en continuant ses lamentations et en cherchant à se trouver des larmes dans la voix. Mon Dieu! on peut juger, par l'état dans lequel vous êtes, de ce que sera la maison avec un pareil hôte; heureusement que vous allez l'enchaîner, j'espère.

— L'enchaîner? s'écria M. de la Graverie avec indignation. Jamais!

— Vous allez laisser cet animal en liberté? vous allez m'exposer à ses morsures à chaque instant du jour et de la nuit? Non, monsieur, non, cela ne sera pas.

Et, s'armant de son balai, Marianne prit la pose d'un grenadier de la vieille garde défendant ses foyers.

— Vous allez me laisser chasser cet affreux chien, n'est-ce pas? dit-elle, ou je quitte à l'instant même votre maison.

La patience de M. de la Graverie était à bout; il repoussa si brusquement sa gouvernante, que celle-ci, qui ne s'attendait pas à cette agression, perdit l'équilibre et tomba en poussant des cris aigus.

La lumière était éteinte; mais le passage était libre.

Le chevalier enjamba par-dessus le corps de Marianne, franchit le vestibule et grimpa l'escalier avec l'agilité d'un jeune homme, puis, poussant le chien dans sa chambre, y entra derrière lui, en ferma la porte à double tour et en assujettit les verroux, tout cela avec les palpitations qui agitent un amant bien épris lorsqu'une maîtresse adorée remplit le rôle de l'épagneul noir.

Le chevalier prit les trois meilleurs coussins de ses bergères, les rapprocha l'un de l'autre, et en fit un lit pour Black, tout crotté qu'il était.

Black ne fit aucune difficulté, tourna trois fois sur lui-même, et se coucha en cerceau.

Le chevalier le regarda avec amour, jusqu'à ce qu'il fut endormi; après quoi, il se déshabilla, se coucha et s'endormit à son tour.

Il y avait trois semaines que le chevalier n'avait dormi d'un si bon sommeil.

IX

— Où la force armée ramène la tranquillité dans la maison. —

En se réveillant le lendemain, le chevalier se sentit les membres tout endoloris; pour la première fois depuis vingt-quatre heures, il réfléchit aux imprudences que sa passion lui avait fait commettre, et frémit en songeant qu'une pleurésie, une attaque de goutte ou un rhumatisme pourrait fort bien en être la conséquence.

Il se tâta donc le pouls, ce que, depuis un mois, il négligeait de faire, et, le trouvant calme, moelleux, régulier et d'une accélération modérée, il se rassura en se rappelant qu'il était un Dieu pour toutes les ivresses.

Rassuré sur sa santé, il sauta en bas de son lit et se mit à jouer avec son chien sans s'apercevoir qu'il n'y avait point de feu dans la cheminée.

Vers neuf heures, Marianne entra dans la chambre de son maître, comme d'habitude; seulement, plus que d'habitude, elle avait la figure hargneuse.

Mais la nuit avait porté conseil.

La prudente personne ne parla plus de la retraite qu'elle avait juré d'opérer la veille.

Le chevalier, de son côté, était trop heureux d'avoir enfin en sa possession l'objet qu'il convoitait depuis un mois pour manquer de magnanimité.

Une pensée cependant empoisonnait cette félicité : pensée moitié crainte, moitié remords.

Le chevalier tremblait que la jeune propriétaire de Black ne vînt à reconnaître et à réclamer son chien.

Il se demandait ce que deviendrait sa réputation d'honnête homme, si la façon dont il s'était emparé de l'animal venait à se répandre dans la ville.

Puis ses idées de la veille lui revenaient.

Avait-il bien le droit de s'emparer de Black, l'existence de Black fût-elle menacée par le sous-lieutenant?

Enfin, ce n'était point sans remords à l'endroit des conséquences que le rapt de Black pouvait avoir sur la vie de la pauvre enfant, et il avait beau se dire qu'il n'avait fait qu'arracher Black à une mort certaine, il ne pouvait à cet égard parvenir à rassurer complétement sa conscience.

Pour l'essayer, il mit sous pli un billet de banque de cinq cents francs, et l'adressa à mademoiselle Thérèse, chez mademoiselle Francotte.

A ce billet de banque étaient jointes quelques lignes dans lesquelles il l'avertissait, sans lui dire aucunement les motifs de cette libéralité, que pareille somme lui parviendrait encore l'année suivante.

Avec cette somme, la jeune fille était à l'abri des méchantes suggestions du besoin, démon tentateur que M. de la Graverie considérait comme le plus redoutable de tous les démons.

Ainsi, et avec mille francs, la perte de l'épagneul serait largement compensée.

Restait à pourvoir à la conservation du chien.

Le chevalier résolut, pour y parvenir, de ne jamais lui laisser franchir le seuil de sa porte.

Le jardin serait consacré à ses ébats.

Les murs en étaient si élevés, qu'il n'y avait point à redouter la curiosité des voisins.

Black coucherait dans la chambre de son maître.

Lorsque ce dernier serait forcé de s'absenter pour une, deux ou trois heures, le chien serait enfermé dans le cabinet de toilette, bien et dûment clos d'un cadenas à secret, lequel garantirait le pauvre animal de la rancune de Marianne, sur laquelle le chevalier n'était point sans appréhension.

L'indiscrétion de cette dernière pouvait seule troubler les jours heureux que se promettait le chevalier de la Graverie dans la société de Black.

Mais, dès le soir même, le hasard se chargea de mettre la cuisinière revêche sous l'entière dépendance du chevalier.

Ni avant, ni après son dîner, le chevalier ne sortit.

Il déjeuna avec son ami, il dîna avec son ami.

Enfin, selon le programme qu'il s'était tracé, le soir il le promena dans le jardin.

Pendant que le chevalier s'occupait d'un églantier qu'il avait écussonné lui-même au printemps, et dont la pousse lui paraissait de mauvaise nature, Black, qui, malgré les soins affectueux que l'on avait eus de lui, semblait regretter quelque chose, Black profita de l'entre-bâillement de la porte du jardin pour chercher le chemin qui pouvait le ramener à ce qui lui tenait au cœur.

Malheureusement pour ses projets de fuite, avant d'arriver à la rue, il lui fallait traverser le vestibule et passer devant la porte de la cuisine.

Or, il sortait de cette pièce une odeur de rôti véritablement délectable.

Black entra dans la cuisine, qui, à première vue, semblait déserte.

Il chercha la cause de ce parfum.

Tout en cherchant, il s'arrêta tout à coup comme un chien qui rencontre.

Il se mit à aboyer contre une grande armoire, comme s'il eût voulu accuser cette armoire de recéler ce qu'il cherchait.

Marianne survint sur ces entrefaites; elle était accourue aux abois de Black.

Déjà elle saisissait son arme ordinaire; mais M. de la Graverie, qui s'était aperçu de la disparition de Black, marchait derrière Marianne.

L'attitude du chevalier, son air d'autorité firent tomber le balai des mains de la cuisinière.

Cependant, sans s'inquiéter de ce qui se passait

autour de lui, si fort intéressé qu'il fût, l'épagneul continuait d'aboyer avec fureur contre l'armoire.

M. de la Graverie l'ouvrit à deux battants, et, à sa grande stupéfaction, aperçut un cuirassier qui, reconnaissant dans le chevalier le maître du logis, porta respectueusement la main à son casque ; ce qui est, comme chacun sait, le salut militaire.

Marianne se laissa choir sur une chaise, comme s'il lui était possible de s'évanouir.

Le chevalier comprit tout.

Mais, au lieu de se laisser aller à une colère inconsidérée, il comprit aussitôt tout le parti qu'il pouvait tirer de l'événement.

Il donna une caresse de remercîment au chien, et fit signe à Marianne de le suivre.

Il ne l'emmena pas plus loin que le vestibule.

Là, il s'arrêta, et, d'une voix grave :

— Marianne, lui dit-il, vous avez chez moi trois cents francs de gages ; vous m'en volez six cents...

Marianne essaya d'interrompre le chevalier ; mais celui-ci l'arrêta avec un geste de conviction.

— Vous m'en volez six cents, continua-t-il, sur lesquels je ferme les yeux, ce qui vous constitue la meilleure place de la ville ; moi seul, en outre, saurais supporter votre insupportable caractère ;

vous venez de mériter d'être honteusement chassée, je ne vous chasserai pas.

Marianne voulut interrompre son maître pour le remercier.

— Attendez ! mon indulgence a ses conditions.

Marianne s'inclina en indiquant qu'elle était prête à passer sous les fourches caudines qu'il plairait à son maître de dresser.

— Voici, continua solennellement le chevalier, voici un chien que j'ai trouvé ; par des raisons que je n'ai aucunement besoin de vous dire, je tiens à le conserver, et, de plus, je veux qu'il soit heureux chez moi ; si, par suite de vos bavardages, on réclame ce chien ; si, par suite de la haine que vous lui portez, il tombe malade ; si, par suite enfin d'une négligence calculée, il se sauve, je vous donne ma parole d'honneur que vous sortirez immédiatement de chez moi. Et maintenant, Marianne, vous pouvez, si bon vous semble, aller retrouver votre cuirassier ; j'ai été soldat moi-même, fit le chevalier en se redressant, et je n'ai point de préjugé contre les militaires.

Marianne était si honteuse de s'être laissée surprendre en flagrant délit ; il y avait un tel accent de fermeté et de résolution dans les paroles du chevalier, qu'elle tourna les talons sans répliquer et rentra dans sa cuisine.

Quant au chevalier, il fut enchanté de cet incident, qui, avec ses autres combinaisons, paraissait lui garantir la tranquille possession de l'épagneul.

Il ne se trompait point.

A partir de ce jour, commença pour Dieudonné et pour son ami à quatre pattes, une existence toute de béatitude ; la jouissance ne rendit le chevalier ni tiède ni indifférent aux charmes de l'animal ; au contraire, chaque jour, il s'attachait plus vivement à la conquête qui lui avait coûté tant de peine et de soucis ; chaque jour, il découvrait à Black des qualités si supérieures, que, par moments, ses idées sur la perpétuelle succession des êtres les uns aux autres lui revenaient à l'esprit ; alors, il ne pouvait s'empêcher de regarder Black avec un certain attendrissement ; il lui parlait du passé, lui racontant de préférence tous les épisodes de sa vie auxquels Dumesnil avait pris part ; parfois égaré dans ces douces réminiscences, comme dans un bois charmant, il s'oubliait jusqu'à s'écrier, comme le capitaine au vétéran :

— T'en souviens-tu ?

Et, si en ce moment le chien levait sa tête intelligente et le regardait avec des yeux expressifs, le chevalier, comme des feuilles mortes de l'arbre, sentait peu à peu tomber de son esprit les doutes qu'il conservait encore, et, pendant les quelques heures que durait ordinairement cet accès de monomanie, il ne pouvait s'empêcher de traiter Black avec la déférence reconnaissante qu'il témoignait autrefois à son ami.

Cela dura ainsi pendant six mois entiers.

Certes, l'épagneul, à moins d'être le plus difficile de tous les chiens, devait se considérer comme le plus fortuné de tous les quadrupèdes ; cependant, et cela assez souvent pour inquiéter le chevalier, il se montrait triste, soucieux, préoccupé ; il regardait les murs et considérait les portes avec une teinte très-marquée de mélancolie, et, par tous ces signes, semblait vouloir faire comprendre au chevalier que ni le temps qui s'était écoulé, ni les bons traitements dont il était l'objet, ne lui avaient fait oublier sa maîtresse ; et cette persistance dans un attachement tout à fait en dehors de la vieille liaison qui devait unir Dumesnil à lui seul, était ce qui arrachait le plus efficacement le chevalier à cette consolante idée qu'il y avait identité entre Black et son ami.

Un soir, on était au printemps, la nuit tombait ; M. de la Graverie, voulant rendre quelques visites, faisait sa barbe.

La veille, et pendant toute la journée, Black avait paru plus inquiet que d'habitude.

Tout à coup, le chevalier entendit retentir dans

l'escalier des cris perçants, et, au milieu de ces cris, il distingua ces mots prononcés par la voix désespérée de Marianne :

— Monsieur! monsieur! à l'aide! au secours! votre chien se sauve!

M. de la Graverie jeta son rasoir, essuya son visage à demi-rasé, passa le premier vêtement qui lui tomba sous la main, et, en une minute, fut au rez-de-chaussée.

Sur le seuil de la porte, il trouva Marianne, qui, d'un air d'effroi bien franc et bien réel, regardait l'épagneul, lequel disparaissait à l'extrémité de la rue, détalant à toutes jambes.

— Monsieur, dit la gouvernante d'un air piteux, je vous jure que ce n'est pas moi qui ai laissé la porte ouverte; c'est le facteur.

— Je vous avais prévenue, Marianne, répondit le chevalier furieux; vous n'êtes plus à mon service, faites vos paquets et quittez la maison à l'instant même.

Puis, sans attendre la réponse de la cuisinière désespérée, sans réfléchir que sa tête était nue et qu'il n'avait à ses pieds que des pantoufles, le chevalier se mit à la poursuite de l'animal.

X

— Où Black conduit le chevalier. —

Comme il connaissait à peu près la direction qu'il devait prendre, le chevalier ne perdit point de temps à chercher son chemin.

Tout au contraire, s'élança-t-il sans hésitation et marcha si rapidement, qu'en tournant la cathédrale, il aperçut Black à cent pas devant lui, dans la direction de l'Ane-qui-vielle, et l'appela ; mais, en vrai chien de Jean de Nivelles, comprenant que l'on était à sa poursuite, Black enfila la rue des Changes, et M. de la Graverie ne le revit plus qu'en arrivant au faubourg de la Grappe, où, sans qu'il en connût le numéro, il savait que demeurait l'ancienne maîtresse de l'épagneul.

Il est vrai qu'arrivé là, le chevalier le vit de si près, qu'il eut un instant l'espoir de s'en emparer.

Soit que le chien ne voulût point être entièrement perdu de vue par le chevalier, soit que celui-ci ne connût pas aussi bien qu'un bourgeois de Chartres le dédale des rues où Black semblait s'être égaré, tant est-il qu'il le revit, haletant, mais cependant ayant encore assez de forces pour lui échapper.

En effet, au moment où M. de la Graverie étendait la main pour le saisir par le magnifique collier qu'il lui avait fait faire, Black fit un bond de côté, et se jeta dans l'allée de la troisième maison à gauche du faubourg.

Cette allée était étroite, humide, sale et obscure.

Et cependant le chevalier n'hésita point à y suivre son ingrat pensionnaire.

Il ne se demanda même point ce qu'il répondrait dans le cas où l'animal le conduirait en face de la jeune fille à laquelle il avait été dérobé.

Après avoir tâtonné pendant quelque temps dans le sombre cloaque, le chevalier finit par mettre la main sur une corde.

Cette corde, tendue là pour remplacer une rampe, indiquait un escalier.

Le chevalier de la Graverie en chercha les marches du pied, et, ayant trouvé la première, guidé par une faible lueur qu'il entrevoyait au-dessus de sa tête, à travers un mauvais vitrage couvert de poussière et où les carreaux manquants étaient remplacés par des feuilles de papier huilé, il commença d'escalader l'escalier.

Il parvint au premier étage.

Toutes les portes du premier étage étaient fermées.

Le chevalier écouta.

On n'entendait aucun bruit sortir des chambres; il était clair que ce n'était point là que le chien s'était arrêté.

Le chevalier rattrapa la corde et continua son ascension.

A partir du premier étage, l'escalier se rétrécissait; ce qui n'empêcha point le chevalier d'atteindre au second.

Comme au premier étage, le chevalier écouta.

Le second étage était aussi muet que le premier.

A partir du second étage, et pour arriver plus haut, comme ces femmes de Virgile dont le corps finissait en poisson, l'escalier du faubourg de la Grappe finissait en échelle.

M. de la Graverie commença de craindre que le chien n'eût profité d'une issue que lui n'aurait pas vue, pour s'échapper de la maison et pour pénétrer dans une cour.

Mais, en ce moment, il entendit retentir au-dessus de sa tête ce hurlement triste et prolongé par lequel les chiens, selon une croyance très-répandue, annoncent la mort de leur maître.

Ce cri lugubre dans cette maison sombre, qui semblait déserte, glaça le sang du chevalier dans ses veines; ses cheveux se dressèrent sur sa tête, et il sentit une sueur glacée baigner son front.

Mais il pensa presque aussitôt que Black arrivait à la porte de sa maîtresse, et, trouvant cette porte fermée, lui adressait à travers la porte cet appel désespéré.

Selon toute probabilité, dans cette hypothèse, la jeune fille n'était point chez elle.

Le chevalier joindrait donc Black à la porte, et, bloqué dans un corridor étroit, Black était obligé de se rendre.

Cette idée redonna du courage au chevalier.

Il se cramponna donc aux barreaux de l'échelle et tenta l'escalade.

Cela lui rappela ce jour de désespoir où, au lieu de monter à une échelle, il descendait avec ses draps.

Une fois arrivé là, sa pensée fit un pas de plus : il se souvint de Mathilde, et, si racorni que fût son cœur à cet endroit, il poussa un soupir.

Mais, tout en soupirant, il continua de monter.

Lorsqu'il eut monté une vingtaine d'échelons, il se trouva le corps à moitié passé dans une trappe.

Cette trappe donnait dans un petit galetas où il faisait complétement noir.

Ce galetas, au premier abord, paraissait vide

comme le reste de la maison, et cependant il n'y avait point à douter que ce ne fût là qu'avait abouti la course de l'animal.

En effet, le chevalier avait à peine posé le pied sur le plancher de la chambre, que l'animal était venu à lui et l'avait caressé avec une expression de tendresse que le chevalier ne se rappelait point lui avoir jamais vue.

Mais, dès que le chevalier avait étendu la main de son côté comme pour lui indiquer ce qu'il avait à faire, Black s'était éloigné vivement et était allé se coucher au pied d'un grabat que l'on distinguait vaguement dans l'obscurité.

Le grabat était placé dans un angle, le long des tuiles, de sorte qu'il échappait au faible rayon de lumière qui pénétrait dans ce réduit par une étroite lucarne.

Rien ne remuait, rien ne bougeait dans cette espèce de grenier.

— Ya-t-il quelqu'un ici? demanda le chevalier.

Personne ne répondit; seulement, Black vint une seconde fois se frotter à ses jambes.

En ce moment, le chevalier s'aperçut que l'atmosphère du grenier était chargée d'une odeur âcre et pénétrante qui le saisissait à la gorge.

Ses craintes lui revinrent; il voulut fuir et appela Black.

Black jeta un second hurlement plus sinistre que le premier, et se cacha sous le lit.

Le chevalier ne pouvait se décider à abandonner Black.

Il chercha de la lumière.

En cherchant, son pied se heurta contre un réchaud de fer et le renversa.

Presque en même temps, ses doigts rencontraient un briquet phosphorique.

En un instant, il eut du feu.

Il alluma une lampe qu'il aperçut sur une chaise.

Puis il s'approcha du grabat.

Sur ce grabat, il vit une femme couchée.

La figure de cette femme ou plutôt de cette jeune fille était violette; ses lèvres étaient noires; une sueur abondante avait collé ses cheveux le long de ses tempes; ses dents étaient serrées les unes contre les autres.

Tout le corps semblait déjà roidi par le froid de la mort et ne remuait plus.

On ne s'apercevait que l'âme n'avait point encore quitté la moribonde qu'au frémissement de ses paupières bleuâtres et au faible souffle qui s'échappait de sa bouche contractée, et qui prouvait qu'elle n'en avait point encore fini avec la douleur.

Dans ce demi-cadavre, M. de la Graverie reconnut la jeune fille qu'il avait poursuivie un dimanche de l'automne précédent, celle enfin à laquelle il avait dérobé Black.

Il lui parla; mais la jeune fille était trop faible pour lui répondre.

Cependant elle l'entendit; car elle rouvrit la paupière, tourna vers lui des yeux hagards et lui tendit la main.

Le chevalier de la Graverie, touché d'une profonde pitié, à laquelle commençait de se mêler un peu de remords, prit cette main.

Elle était glacée.

— Mon Dieu! mon Dieu! dit-il parlant tout haut comme c'était son habitude, je ne puis cependant pas laisser mourir cette malheureuse créature, et, puisque j'ai traversé la ville sans chapeau pour courir après Black, je puis bien la retraverser dans le même état pour aller chercher M. Robert.

Le chevalier ne connaissait pas M. Robert; mais il savait que M. Robert était le médecin en renom de Chartres.

— Je lui dois bien cela, je lui dois bien cela, répétait le chevalier tout en la regardant, et en remarquant une seconde fois, comme il avait fait la première, la ressemblance singulière qu'il y avait entre Mathilde et cette jeune fille, quand Mathilde avait le même âge.

Et, laissant la mourante à la garde de Black, M. de la Graverie descendit l'échelle plus vite qu'il ne l'avait montée, quoiqu'elle fût plus facile à monter qu'à descendre.

Le médecin était sorti; le chevalier laissa chez lui l'adresse de la jeune fille avec des détails qui permettaient au médecin d'arriver auprès d'elle sans autre renseignement.

Puis lui-même revint tout courant au faubourg de la Grappe.

Il retrouva le galetas dans l'état où il l'avait laissé; seulement, Black, pour combattre ce froid de glace auquel était en proie sa jeune maîtresse, était monté sur le lit et s'était couché sur les pieds de la malade.

En l'apercevant qui faisait de son mieux pour réchauffer Thérèse, M. de la Graverie eut une idée : c'était d'aider le chien de tout son pouvoir dans la tâche que celui-ci avait entreprise.

Il releva le fourneau, ramassa tous les morceaux de charbon qu'il trouva épars sur le carreau, et essaya de rallumer le feu.

Nous devons avouer que le pauvre chevalier s'acquittait de ces soins avec plus de bonne volonté que d'adresse.

Il s'apercevait lui-même de sa mauvaise grâce, et il ne fallait pas moins que le cri de son bon cœur et l'exemple de Black pour le décider à l'émulation.

Mais le chevalier n'accomplissait pas sans grommeler ce qu'il regardait comme un devoir.

Aussi, selon son habitude, disait-il à demi-voix :

— Ce diable de chien! il avait bien besoin de se sauver; que lui fallait-il donc de plus? Il était bien nourri, il couchait sur une belle peau de loup, moelleuse et douce à plaisir ; quelle singulière idée a-t-il eue de regretter cet effroyable taudis? Ah! j'avais bien raison de maudire et de fuir toute espèce d'attachement. Sans celui que tu as conservé pour ta maîtresse, sot animal! — et, en disant cela, il regardait Black avec une inexprimable tendresse, — nous serions à cette heure bien tranquilles, bien heureux dans notre petit jardin ; tu jouerais sur les herbes de la pelouse, et, moi, je taillerais mes rosiers-noisettes qui en ont grand besoin... Et cet infernal charbon qui ne s'allume pas! il ne s'allumera jamais, sac à papier! Si encore j'avais pu trouver quelqu'un dans la maison, j'eusse fait soigner cette jeune fille. L'argent m'aurait épargné cette corvée; j'en eusse donné de grand cœur autant qu'on m'en aurait demandé. Voyons, franchement, cela ne serait-il pas revenu au même?

— Non, chevalier, dit une voix derrière Dieudonné, non, cela ne serait pas revenu au même, et vous vous en apercevrez si nous avons le bonheur de sauver la malade à laquelle vous vous intéressez.

— Ah! c'est vous, docteur! dit le chevalier, qui avait tressailli aux premières paroles prononcées par la voix, mais qui, s'étant retourné, avait reconnu la figure grave et douce du médecin; c'est que, voyez-vous, je puis vous avouer cela, à vous, j'ai horreur des malades et grand'peur des maladies.

— Votre mérite et la satisfaction de votre conscience n'en seront que plus grands, répondit le médecin; puis, croyez-le bien, on s'habitue à tout, et vous n'en aurez pas soigné une dizaine comme celle-là que vous ne voudrez plus d'un autre métier. Ah çà! où est la malade?

— Ici, dit le chevalier en montrant le lit.

Le docteur s'avança vers la jeune fille; mais Black, en voyant cet inconnu s'approcher de sa jeune maîtresse, poussa un aboi menaçant.

— Eh bien, Black, eh bien, mon garçon, dit le chevalier, qu'est-ce que cela signifie?

Et il fit taire le chien en le caressant.

Le docteur prit la lampe et promena la lueur vacillante sur le visage de la malade.

— Ah! ah! dit-il, je m'en doutais bien; mais je ne croyais pas le cas si grave.

— Qu'est-ce donc? demanda le chevalier.

— Ce que c'est? C'est le choléra-morbus, le vrai choléra-morbus, le choléra asiatique dans toute sa hideuse énergie!

— Sac à papier! s'écria le chevalier.

Et il courut du côté de l'échelle.

Mais, avant d'être arrivé à la trappe, les jambes lui avaient manqué, et il était tombé sur un escabeau.

— Eh bien, qu'avez-vous donc, chevalier? demanda le docteur.

— Le choléra-morbus! répétait celui-ci, auquel l'haleine manquait pour respirer, et la force pour se lever; le choléra-morbus! Mais le choléra-morbus est contagieux, docteur!

— Les uns disent endémique, les autres contagieux; nous ne sommes point d'accord là-dessus.

— Mais votre avis, à vous? demanda Dieudonné.

— Mon avis, à moi, c'est qu'il est contagieux, répondit le docteur; mais nous n'avons pas à nous préoccuper de cela pour le moment.

— Comment! nous n'avons pas à nous préoccuper de cela? Mais je vous prie de croire, docteur, que je ne me préoccupe pas d'autre chose.

Et, en effet, le chevalier était pâle comme un mort; de grosses gouttes de sueur perlaient sur son front; ses dents s'entre-choquaient.

— Allons donc, dit le docteur, vous, si brave

quand il s'agit de la fièvre jaune, vous auriez peur du choléra, chevalier !

— De la fièvre jaune ! balbutia Dieudonné ; comment savez vous que je suis brave quand il s'agit de la fièvre jaune ?

— Bon ! répondit le docteur ; ne vous ai-je pas vu à l'œuvre ?

— Quand cela ? demanda le chevalier d'un air effaré.

— Mais quand vous avez soigné votre ami, le pauvre capitaine Dumesnil, à Papaéti, est-ce que je n'étais pas là ?

— Là, vous ? vous étiez-là ? fit le chevalier tout étourdi.

— Je comprends ; vous ne reconnaissez pas le jeune docteur du *Dauphin;* j'avais vingt-six ans, j'en ai quarante et un. Quatorze ou quinze ans changent fort un homme ; vous aussi, chevalier, vous vous êtes arrondi.

— Tiens, tiens, tiens ! fit le chevalier ; comment ! c'est vous, docteur ?

— Oui, c'est moi ; j'ai quitté le service et me suis établi à Chartres. — Deux montagnes ne se rencontrent pas, chevalier ; mais deux hommes se rencontrent, et la preuve, c'est que nous voilà tous deux au lit d'une autre malade qui ne vaut guère mieux que le pauvre capitaine.

— Mais le choléra, docteur ! le choléra !

— C'est le cousin germain de la fièvre jaune, de la peste noire, du vomito-negro ; n'ayez pas plus peur de lui que vous n'avez eu peur de l'autre ; tout cela est de la famille des chiens enragés, qui ne mordent que ceux qui se sauvent. Du courage, morbleu ! Voilà un morceau de ruban rouge que je vois à votre boutonnière et qui prouve que vous avez été au feu ; rappelez-vous vos beaux jours de vieux militaire, et marchons au choléra comme vous marchiez au feu.

— Mais, balbutia le *vieux soldat*, ne pensez-vous point, docteur, que nous nous exposons à un danger inutile, et croyez-vous que nous ayons quelque chance de sauver cette malheureuse jeune fille ?

Piqué dans son amour-propre, le chevalier, comme on voit, se résignait à parler au pluriel.

— Peu de chance, j'en conviens, reprit le docteur ; la malade est déjà dans la période algide : les ongles noircissent, les yeux se creusent, les extrémités sont froides, je parierais que la langue est déjà glacée. Mais qu'importe ! elle vit ; il faut combattre la camarde. J'ai l'habitude, vous le savez, de ne point lâcher pied devant elle ; je suis de la race des bouledogues, chevalier : tant qu'il me reste un morceau entre les dents, je tiens bon ;

mais nous avons déjà perdu trop de temps...
A l'œuvre!

Le chevalier, sous l'impression de la terreur que lui avait causée le mot choléra, fut d'abord à peu près inutile au médecin; par bonheur, le docteur, qui s'était douté, d'après les quelques mots dits par le chevalier à son domestique, qu'il s'agissait d'une attaque de choléra, avait pris dans sa pharmacie de l'éther et du vératrum, les deux médicaments à l'aide desquels il combattait le choléra. Le pauvre Dieudonné allait dans la chambre comme s'il eût perdu l'esprit; mais, à la longue, le calme et la conscience avec lesquels l'homme de l'art approchait de la malade, respirait son souffle, la palpait, apaisèrent ses appréhensions, amoindrirent sa frayeur.

Son affection pour le pauvre chien avait déjà battu en brèche le sentiment d'égoïsme qu'il avait installé dans son cœur; son orgueil mis en jeu et surtout la pitié pour les souffrances de la malade achevèrent d'en triompher peu à peu.

A son tour, il se rapprocha du grabat de la mourante, et il aida le docteur à placer autour d'elle les briques que ce dernier avait arrachées au mur pour les chauffer.

L'épagneul comprit sans doute le but des soins que l'on rendait à sa maîtresse; il sauta à bas du lit pour laisser le champ libre aux deux hommes et vint lécher les mains du chevalier.

Ce signe de reconnaissance toucha vivement Dieudonné; les hallucinations de métempsycose lui revinrent à l'esprit, et il s'écria avec enthousiasme :

— Sois tranquille, mon pauvre Dumesnil, nous la sauverons!

Le docteur était trop occupé de la malade pour faire attention aux paroles singulières que le chevalier adressait au chien noir; il n'en comprit que le sens général.

— Oui, dit-il, chevalier, oui, espérons! voici les extrémités qui se réchauffent; mais, si elle en réchappe, ce sera bien à vous qu'elle le devra.

— Vraiment! s'écria le chevalier.

— Pardieu! Mais il ne faut pas laisser votre œuvre incomplète; je vous demande pardon de vous envoyer en course, chevalier.

— Oh! disposez de moi.

— Vous comprenez que ma présence à moi est nécessaire ici.

— Sac à papier! je crois bien que je le comprends!

Le docteur tira un petit carnet de sa poche, écrivit quelques lignes au crayon sur une feuille qu'il déchira.

— Courez chez le pharmacien, chevalier, et rapportez-moi cette ordonnance.

— Tout ce que vous voudrez, docteur, pourvu que je la sauve, s'écria le chevalier entrant à corps perdu dans la lutte et brûlant ses vaisseaux.

Le chevalier ne fut pas plus de dix minutes pour aller et venir, et, lorsqu'il rentra dans le grenier, il trouva au docteur un air souriant, qui le paya largement de ses peines.

— Cela va donc mieux? s'écria le chevalier en s'approchant du lit pour regarder la malade, dont le visage avait effectivement perdu de sa teinte cadavéreuse.

— Oui, cela va mieux, chevalier, et, si Dieu nous aide, j'espère que mademoiselle, dans trois mois, nous donnera un petit poupon qui vous ressemblera comme deux gouttes d'eau.

— A moi! à moi! mademoiselle, un enfant?

— Ah! c'est que vous êtes un gaillard, chevalier; j'ai su de vos nouvelles à Papaóti : la belle Mahaouni m'en a donné.

— Docteur, je vous jure...

— Allons, chevalier, allons, ne faites pas le discret avec moi; tôt ou tard, il eût bien fallu me le dire; mon métier n'est-il pas de faciliter à l'homme l'entrée dans la vie, tout comme de l'aider à en sortir?

— Mais, encore une fois, docteur, qui peut vous faire penser?...

— Ceci, mordieu! dit le docteur en tendant au chevalier une alliance en or, qu'il prit au doigt de la malade toujours inerte, ceci que, cédant à un mouvement de curiosité, j'ai eu, pendant votre absence, l'idée d'ouvrir et d'examiner; ne vous défendez donc plus de votre paternité, cher monsieur; votre secret est en bonnes mains; un médecin est obligé à plus de discrétion encore qu'un confesseur.

Le chevalier, stupéfait, croyant rêver, prit la bague, la sépara en introduisant l'ongle de son pouce au milieu de la circonférence, et, la bague ouverte, il lut :

Dieudonné de la Graverie, — Mathilde de Florsheim.

Son émotion fut si forte, qu'il tomba à genoux, sanglotant et priant à la fois.

XI

— Le chevalier garde-malade. —

Le médecin attribua cette émotion du chevalier à la joie qu'il éprouvait en apprenant qu'il y avait quelque chance de sauver la malade.

Il laissa le chevalier achever sa prière et essuyer ses yeux ; puis, pensant qu'il fallait utiliser cette exaltation du sentiment au profit de la pauvre jeune fille :

— Et maintenant, chevalier, demanda-t-il, qu'allons-nous faire de cette enfant? car il est impossible qu'elle demeure dans ce bouge infect. Voulez-vous que je la fasse porter à l'hôpital?

— A l'hôpital! s'écria le chevalier d'un accent indigné.

— Dame! elle y sera infiniment mieux qu'ici, et, sans vouloir vous faire la leçon, vous me permettrez, chevalier, de trouver bien étrange que vous ayez laissé la femme au doigt de laquelle vous aviez mis cet anneau, dans un si misérable taudis, surtout au moment où ce quartier est décimé par la maladie.

— Je vais la faire transporter chez moi, docteur.

— A la bonne heure, voilà un bon mouvement ! il est venu un peu tard ; mais, comme dit le proverbe, vaut mieux tard que jamais. Cela fera bien crier un peu les bonnes âmes chartraines ; mais j'aime mieux pour mon compte, chevalier, et avec l'idée que j'avais prise de vous, vous voir commettre ce péché que l'autre, vous voir manquer aux convenances qu'à l'humanité.

Le chevalier ne répondit rien et courba la tête ; son âme était agitée par mille sentiments différents.

Il pensait à Mathilde, dont cette malheureuse jeune fille devait être l'enfant ; il reculait de vingt-cinq ans en arrière ; il revoyait les jours si calmes, si heureux, de leurs jeux d'abord, de leurs amours ensuite ; c'était, depuis dix-huit ans, peut-être la première fois qu'il osait jeter les yeux sur le passé, et il éprouvait un sentiment de honte en songeant qu'il avait pu comparer les satisfactions mesquines de l'égoïsme satisfait à ces joies si fortes et si vivaces, qu'après plus de vingt ans écoulés, elles avaient encore la force de réchauffer son âme.

En regardant la pauvre malade, il éprouvait des remords, sa conscience lui disait que, quels que fussent les torts que s'était donnés la mère, il n'en avait pas moins, lui, des devoirs envers cette enfant, et que ces devoirs, il ne les avait pas remplis.

Il n'était pas non plus sans penser aux conséquences funestes qu'avait eues pour la jeune fille le vol de son gardien ; peut-être, en lui enlevant Black, l'avait-il livrée sans défense à la trahison ; il se promettait de réparer ses fautes ; car il reconnaissait la main de Dieu dans tout ceci.

En le voyant si profondément absorbé dans sa méditation, le docteur supposa que le chevalier reculait devant les conséquences que devait avoir le séjour de la jeune malade dans sa maison.

— Voyons, après tout, dit-il au chevalier, réfléchissez encore ; peut-être sera-t-il possible de trouver, à prix d'argent, quelques braves gens qui consentent à vaincre leur répugnance pour cette diablesse de maladie, et qui recevront chez eux la pauvre petite ; cela vaudra peut-être mieux et conciliera tout.

Et une dernière fois dans l'esprit de Dieudonné il y eut lutte entre le soin de son repos, le reste de frayeur que lui causait encore la contagion, et les bonnes inspirations de son cœur ; disons, à sa gloire, que cette lutte ne fut pas de longue durée.

Le chevalier secoua la tête et se redressa.

— Chez moi, docteur ! chez moi, pas ailleurs que

chez moi! s'écria-t-il avec cette énergie que les hommes faibles savent si bien déployer quand, par hasard, il leur arrive d'être résolus.

Le jour commençait à paraître lorsque le brancard, emprunté à l'hôpital et sur lequel on avait couché la malade, se mit en marche pour la rue des Lices.

Le chevalier et Black suivaient ce triste convoi, qui, ainsi que c'est l'habitude, soulevait sur son parcours la curiosité des paysannes et des laitières, lesquelles déjà descendaient vers la ville.

Lorsque l'on arriva à la maison de M. de la Graverie, on trouva la porte fermée; le propriétaire, qui, étant sorti sans chapeau et en pantoufles, n'avait pas eu l'idée de prendre son passe-partout, fit jouer la sonnette et le marteau, mais inutilement; rien ne répondit.

Il se rappela alors que, la veille au soir, il avait renvoyé Marianne, et il supposa que, pour exercer sur son maître une dernière vengeance, la maussade gouvernante avait trouvé bon d'exécuter à la lettre l'ordre qu'elle avait reçu de déguerpir au plus vite.

Il n'y avait qu'une ressource: c'était d'aller chercher le serrurier; on y alla.

Par bonheur, il était dans le voisinage.

Mais la porte était fermée à deux tours; le travail de l'ouverture fut long et donna au quartier le temps de se réveiller.

Les voisins se mirent aux fenêtres ; les domestiques sortirent des maisons et s'interrogèrent les uns les autres ; il y en eut qui, tandis que le chevalier était allé chercher le serrurier, entr'ouvrirent les rideaux de la civière pour savoir ce qu'elle contenait ; et, sachant ce qu'elle contenait, chacun se demanda quelle pouvait être cette jeune fille que le chevalier entourait de tant de sollicitude, et qu'il introduisait dans cette maison, dont jusqu'alors il avait interdit l'entrée au sexe féminin tout entier.

Comme il arrive d'ordinaire en pareil cas, dix versions circulèrent à partir de ce moment ; toutes étaient différentes, mais pas une naturellement n'était à l'avantage du chevalier, dont la considération reçut une grave atteinte.

Toute la ville en jasa.

Les viveurs du café Jousse et du Cercle chartrain en firent des gorges chaudes.

Les gens du *Muret* en chuchotèrent tout bas, se signant et déclarant que le pauvre chevalier était décidément un homme dont il fallait éviter le contact.

Le chevalier ne songeait à rien de cela, lui. Il était tout entier à l'idée qu'il venait, selon toute probabilité, de retrouver la fille de la seule femme qu'il eût jamais aimée.

Nous sommes d'avis, et peut-être nous traitera-t-on d'optimiste ou de niais, ce qui est à peu près la même chose ; nous sommes d'avis, disons-nous, qu'il est peu de cœurs chez lesquels le souvenir du mal l'emporte sur celui du bien ; en tout cas, le chevalier n'était point de ceux-là.

Peu à peu, les images du passé se dégageant de ce qu'elles avaient de tristesse et d'amertume, Mathilde reparaissait à ses yeux telle qu'elle était aux beaux jours de leur jeunesse, belle et pure, aimante et dévouée ; il ne songeait plus aux événements qui l'avaient séparé d'elle, à son ingratitude, à son infidélité ; il pensait aux myosotis qu'il allait cueillir pour sa petite amie sur les bords du ruisseau qui traversait le parc et dont les fleurs bleues encadraient si délicieusement la chevelure blonde de la jeune fille ; puis, avec de grosses larmes dans le cœur, il songeait qu'il n'avait point eu dans le reste de son existence de joies qui eussent valu celles-là, même les joies qu'il devait à la belle Mahaouni ; jamais les délices de la table, jamais les jouissances de l'horticulture n'avaient remué son âme comme le faisait ce simple coup d'œil jeté en arrière, et le chevalier se demandait si les plus heureux sur la terre n'étaient pas, au bout du compte, ceux qui arrivaient à la vieillesse avec le plus gros butin de ces sortes de souvenirs.

Ce n'était point encore du regret, mais c'était déjà de la comparaison.

Cependant il fallait s'occuper de la pauvre malade, et les soins à lui donner tirèrent le chevalier de la rêverie à laquelle il se fût cependant si volontiers abandonné.

Marianne avait fait de la clef de sa chambre ce qu'elle avait fait de celle de la maison ; elle l'avait emportée comme si la maison lui eût appartenu. M. de la Graverie fut obligé d'installer la pauvre malade dans sa chambre et dans son lit.

Ici, ses préoccupations personnelles le reprirent un peu ; il se demanda avec une certaine anxiété où il passerait la nuit prochaine, et surtout où on le placerait, lui, si la contagion venait à l'atteindre à son tour.

Puis, comme il était absolument seul dans la maison, il lui fallut vaquer aux soins du ménage, préparer les tisanes, et s'occuper de son propre déjeuner, occupation qui lui était particulièrement antipathique.

En suant sang et eau, et en maudissant vingt fois son ex-gouvernante, il parvint à découvrir, au milieu de l'épouvantable chaos où Marianne avait à dessein laissé le ménage et les ustensiles de cuisine, trois œufs avec lesquels il accomplit son premier repas, tout en se demandant avec inquiétude comment pourrait s'opérer la digestion de ce repas, si frugal qu'il fût, puisque, pour la première fois depuis vingt ans, il avait été contraint de le faire sans thé, expédient qu'il considérait comme absolument nécessaire pour activer la paresse de son estomac.

Son inquiétude était d'autant plus grande, que les œufs qu'il avait mis dans l'eau bouillante y étaient restés douze secondes de trop, et qu'au lieu de manger à son déjeuner trois œufs à la coque, le chevalier avait mangé trois œufs durs.

Sur le midi, Marianne arriva; elle venait réclamer ses gages.

En l'apercevant, le chevalier avait eu une lueur d'espérance; il pensait que la vieille drôlesse venait lui demander à rentrer en grâce, et il s'apprêtait à accueillir sa prière avec un sourire du meilleur augure.

Le chevalier était décidé à en passer par toutes les exigences de son ex-gouvernante et à signer, même avec augmentation de loyer, un nouveau bail, afin de se débarrasser tout de suite des soins domestiques, qui lui répugnaient si fort.

Le chevalier comptait sans son hôte.

Marianne fut pleine d'une dignité froide et dédaigneuse en recevant son argent, et, lorsque le pauvre chevalier, oubliant et son caractère et le sentiment de convenance qui eût dû lui fermer la bouche, lui demanda d'un ton qu'il essayait de rendre pathétique, comment elle pouvait se décider à l'abandonner dans l'embarras où il se trouvait, l'ex-gouvernante lui répondit avec indignation qu'une honnête femme ne pouvait décemment demeurer dans une maison comme la sienne et que, s'il avait besoin de soins, *la péronnelle* lui en donnerait.

Après quoi, elle sortit majestueusement.

M. de la Graverie, resté seul, tomba dans un désespoir profond.

En effet, il comprenait que toutes les langues de la ville allaient s'exercer à ses dépens; qu'il allait se trouver honni, vilipendé, montré au doigt; il vit comme un lac tranquille, comme un ciel serein, comme un miroir immaculé le calme dans lequel il avait vécu jusque-là, troublé à jamais, et il commença à penser qu'il avait peut-être agi bien légèrement en recueillant chez lui la jeune fille.

Black avait beau aller du lit de son ancienne maîtresse au fauteuil dans lequel était plongé le maître qu'il avait eu dans les six derniers mois; il avait beau remuer la queue, poser sa belle tête sur le genou du chevalier, lécher la main que celui-ci laissait pendre, tout cela en signe de remercîment approbatif, rien de tout cela ne pouvait tirer le chevalier de la Graverie des réflexions où il était plongé.

L'esprit de l'homme, comme l'Océan, a son flux et son reflux.

Dans ses réflexions, le chevalier ne songeait pas à moins qu'à se débarrasser tout à la fois de la jeune fille et de son épagneul, en les plaçant, l'un suivant l'autre, dans une maison de santé.

Un peu honteux de cette mauvaise pensée, il se disait tout ce qu'il pouvait pour l'atténuer : par exemple, que les gens les plus comme il faut allaient dans les maisons de santé, qu'il irait lui-même s'il était malade ; que, là, si les soins étaient moins désintéressés, ils étaient, par contre, plus intelligents : l'habitude remplaçait le dévouement.

Le flot montait, celui des mauvais sentiments !

Depuis que le chevalier possédait Black, il n'avait pas eu un jour entier exempt d'inquiétude, de préoccupation. Depuis six mois, le calme de son existence précédente avait disparu. A quel danger ne s'était-il pas exposé pour le recouvrer ! La contagion n'allait-elle pas l'atteindre à son tour, surtout si, ne trouvant ni domestique ni garde avant la soirée, il se trouvait forcé de veiller la jeune fille et de respirer, durant toute une nuit, les miasmes délétères qui s'échappaient de ce corps malade!

Le flot montait toujours ; comme chaque vague pousse une vague, chaque pensée poussait une pensée.

N'était-il pas possible, se disait le chevalier, que le hasard seul eût mis au doigt de Thérèse l'alliance de Mathilde? La possession de cet anneau entraînait-elle cette conséquence que la malade fût la fille de madame de la Graverie ? et puis, quand il eût été prouvé, au bout du compte, que la malade tînt à cette dernière par les liens du sang, était-ce bien au mari offensé de s'exposer à la mort pour sauver ce fruit de l'adultère?

La marée était haute, comme on le voit.

Cette pensée que la malade n'était point la fille de madame de la Graverie était devenue si impérieuse, que le chevalier résolut d'interroger Thérèse ; mais la jeune fille était si faible, qu'il fut impossible à Dieudonné d'en obtenir une réponse.

En ce moment, les yeux du chevalier se portèrent sur la toilette, où étaient rangés dans un ordre parfait tous les ustensiles du capitaine; puis, par une succession d'idées toute naturelle, il en arriva à penser au nécessaire dans lequel ils avaient été enfermés, et particulièrement au mystérieux paquet que le chevalier devait remettre à madame de la Graverie si elle était encore vivante, et jeter au feu si elle était morte.

Il pensa que, dans ce paquet, se trouvait, selon toute probabilité, la solution du problème qui le préoccupait en ce moment, et, comme, une fois sur la pente des mauvaises idées, on ne s'y arrête pas facilement, il résolut, quelque chose qui pût en arriver, d'ouvrir le paquet et de se fixer à l'endroit de Thérèse, si toutefois, dans ce paquet, il était question d'elle.

Par suite de son parti pris d'éviter les émotions inutiles, jamais le chevalier n'avait ouvert le double fond de ce nécessaire, depuis le jour où il y avait enfermé le mystérieux paquet.

Depuis ce jour, il s'était constamment efforcé d'oublier, et ce paquet, et ce qu'il pouvait contenir, et la recommandation de son ami.

Mais les événements extraordinaires qui venaient de bouleverser sa vie l'avaient jeté dans un ordre d'idées qui le fit passer par-dessus toutes ses répugnances.

Il était convaincu que, dans le message que son ami Dumesnil adressait à madame de la Graverie, il trouverait quelques renseignements propres à débrouiller l'embarras de la situation.

Jamais, il est vrai, Dumesnil ne prononçait le nom de madame de la Graverie ; mais il était bien certainement à présumer, pensait le chevalier, que le capitaine savait quelque chose de sa destinée.

M. de la Graverie, sous le poids d'une vive émotion, alla droit à l'armoire où il avait, à son retour de Papaéti, déposé le nécessaire.

Tout naturellement, le nécessaire était encore à la même place.

Le chevalier le prit, posa la lampe sur la cheminée, s'assit près du feu, mit le nécessaire sur ses genoux, ouvrit le premier compartiment, puis le second, et se trouva en face du fameux paquet avec ses larges cachets noirs.

Pour la première fois, le chevalier remarqua la couleur de la cire qui le scellait.

Il hésita à l'ouvrir.

Mais, enfin, continuant à suivre la pente des idées qui l'entraînait, il déchira l'enveloppe.

Quelques billets de mille francs glissèrent entre les débris du papier et s'éparpillèrent sur le tapis.

Une lettre tout ouverte resta entre les mains du chevalier.

« Si votre femme vit encore au moment où vous rentrerez en France, remettez-lui le paquet ci-joint et les billets de banque qui l'accompagnent ; mais, si, au contraire, elle est morte, ou si vous n'avez aucune espérance de savoir ce qu'elle est devenue,

Dieudonné, au nom de l'honneur, rappelez-vous votre promesse, jetez ce paquet au feu, et employez l'argent en bonnes œuvres.

» Votre fidèle ami,
» Dumesnil. »

Le chevalier tourna et retourna pendant quelques minutes le paquet entre ses doigts ; il était, en somme, assez intrigué de savoir quel genre de relations avaient pu exister entre son ami et sa femme.

Une ou deux fois il porta la main à l'enveloppe du second paquet, comme il avait fait de l'enveloppe du premier ; mais cette adjuration du capitaine : « Dieudonné, au nom de l'honneur, rappelez-vous votre promesse et jetez ce paquet au feu, » lui étant retombée sous les yeux, afin de ne pas céder à la tentation, il envoya le paquet au milieu des flammes.

Le paquet noircit d'abord, se tordit, s'effondra et laissa voir, au milieu d'une quantité de lettres, une mèche de cheveux qu'à leur nuance blond cendré, le chevalier de la Graverie reconnut pour avoir appartenu à Mathilde.

A cette vue, le chevalier ne fut plus maître de ses premières paroles, ni de son premier mouvement.

— Comment, diable ! s'écria-t-il, Dumesnil avait-il des cheveux de ma femme ?

Et, allongeant la main au beau milieu des flammes, il saisit la boucle de cheveux dans le papier qui l'enveloppait.

Il jeta le tout à terre et mit le pied dessus pour éteindre cheveux et papier qui brûlaient.

Puis, recueillant avec un soin minutieux ces débris à moitié dévorés par les flammes, le chevalier s'aperçut que des lignes de la main du capitaine étaient tracées sur le papier qui enveloppait les cheveux.

Mais le feu avait fait son œuvre. Au fur et à mesure qu'il le touchait, le papier tombait en cendres.

Enfin, un petit coin restait roussi, mais non encore brûlé tout à fait.

Sur ce fragment, il parvint à déchiffrer ces mots :

« J'ai chargé M. Chalier. . . . .
. . . . votre fille. . . en la. . . .
. . . . sa surveillance. . . . . »

Il se fit une lueur dans l'esprit du chevalier : il se rappela que le jeune docteur, devenu depuis le docteur Robert, lui avait dit en parlant de la visite du capitaine à bord du *Dauphin*, visite fatale dans laquelle Dumesnil avait attrapé la fièvre jaune, que celui-ci était venu pour parler d'un enfant à M. Chalier.

Dumesnil savait donc quelque chose des destinées de madame de la Graverie, même après avoir quitté la France? Il avait donc conservé des relations avec elle?

Comment, dans ce cas, le capitaine n'en avait-il jamais rien dit à son ami?

Quel avait été le rôle de Dumesnil dans toute cette catastrophe, qui avait bouleversé la vie du chevalier?

L'imagination du pauvre Dieudonné se mit à broder des variations sur ce thème. Le rôle qu'avait joué son défunt camarade dans la séparation du chevalier et de sa femme, avait de loin en loin fait naître quelques soupçons rétrospectifs dans l'esprit si confiant de ce dernier. La circonstance actuelle corrobora ces soupçons, leur donna une valeur qu'ils n'avaient jamais eue, et Dieudonné se demanda immédiatement si le capitaine Dumesnil avait toujours été aussi désintéressé dans son amitié que pendant les dernières années de sa vie.

Le chevalier fut obligé de s'avouer à lui-même qu'un mauvais soupçon lui mordait le cœur.

En ce moment, il tourna les yeux du côté de Black.

Black était assis au pied du lit; mais il ne regardait pas la malade, il semblait, au contraire, considérer le chevalier avec une attention profonde et méditative. Il y avait à la fois de la mélancolie et de l'appréhension dans ce regard : le chevalier crut voir des remords dans la façon dont l'animal abaissait de temps en temps ses paupières noires, — de la prière dans son attitude humble et soumise; enfin, il lui parut que le pauvre animal avait le sentiment de la crise dans laquelle ils entraient, et qu'il se demandait à lui-même : « Mon Dieu! comment le pauvre Dieudonné va-t-il prendre cette révélation? »

La physionomie de Black enleva la situation.

Le chevalier se leva de son siége, alla droit au chien, se jeta à genoux devant lui, et, le saisissant dans ses bras et le baisant à plusieurs reprises :

— Je te pardonne, ami! lui dit-il comme s'il eût eu réellement le pauvre Dumesnil sous les yeux; je te pardonne! j'oublie tout, excepté les sept années de bonheur et d'amitié que je dois à ton dévouement, les soins dont tu m'as comblé, l'appui que tu m'as prêté dans de bien tristes épreuves. Voyons, ne courbe pas ainsi la tête, frère; que diable! nous sommes tous des créatures fragiles et facilement vaincues par la tentation : les invaincus sont ceux qui n'ont pas rencontré le danger; et, au bout du compte, pauvre homme mortel que tu étais, il n'y a point de honte à succomber où les anges eux-mêmes ont failli; si seulement tu pouvais me répondre, si tu pouvais me dire : si c'est ma... si c'est ta... si c'est notre... si c'est la fille de Mathilde enfin !

Comme s'il eût réellement entendu ces paroles, le chien se dégagea de l'étreinte du chevalier, se dressa sur ses pattes, se dirigea du pied au chevet du lit, et, là, se mit à lécher celle des mains de la malade qui pendait en dehors des draps.

Cette bizarre coïncidence du hasard, qui correspondait si bien avec la pensée du chevalier, lui parut une réponse de la Providence elle-même.

— C'est donc bien vrai ! s'écria-t-il avec une exaltation qui touchait presque à la folie, c'est bien toi, mon pauvre Dumesnil ! et Thérèse est ta fille ! Sois tranquille, ami, j'aimerai cette enfant comme tu l'eusses aimée si tu eusses vécu ; je veillerai sur elle comme tu as veillé sur moi ; je consacrerai ma vie à la rendre heureuse, et, dans ton humble condition, mon pauvre Black... non, je veux dire mon pauvre Dumesnil... tu m'y aideras de tout ton pouvoir. Tu viens de me rendre un dernier service en me montrant quel était mon devoir. Non, non, cent fois non, je ne puis faire retomber sur cette enfant les fautes qui n'ont pas été les siennes, et le doute qui peut peser sur ma paternité. — D'ailleurs, continua le chevalier s'exaltant de plus en plus, qu'est-ce que cela, la paternité ? Un mot que domine un fait, l'AFFECTION. — Tu verras, Dumesnil, tu verras jusqu'où peut aller celle que j'aurai pour cette enfant !

Et, comme en ce moment la pauvre petite malade, d'une voix presque inintelligible, faisait entendre ces mots : « A boire ! » le chevalier se précipita sur le verre chauffé par la veilleuse, et, sans plus s'inquiéter si le choléra-morbus était endémique ou contagieux, il passa une main sous la tête de la malade, la souleva, tandis que, de l'autre, il approchait le verre de ses lèvres.

Et, tandis qu'elle buvait en quelque sorte la vie des mains du chevalier, celui-ci, tout en l'embrassant, lui disait :

— Bois, Thérèse ! bois, ma fille !... bois, chère enfant de mon cœur !...

XII

— Où un rayon commence à filtrer à travers les nuages. —

Le chevalier de la Graverie ne voulut point, tout entier qu'il était à son émotion, retarder d'un instant l'accomplissement de la promesse qu'il venait de faire à l'âme de son ami, à l'endroit de celle qu'il supposait être sa fille.

Il remplaça immédiatement Marianne et installa celle qui devait lui succéder, sans s'inquiéter préalablement de ce que pouvaient être ses talents culinaires. Il l'avait prise sur une simple recommandation qui la lui désignait comme une excellente garde-malade.

Malgré cette recommandation que la nouvelle venue s'efforça de justifier, le chevalier ne trouva point que son zèle, à l'endroit des soins à donner à la jeune fille, fût à la hauteur des circonstances : il se chargea donc de ces difficiles fonctions, et s'y absorba si complétement, que, huit ou dix jours après, lorsque Thérèse commença à sortir de l'état de torpeur dans lequel elle était restée plongée après la terrible crise, le chevalier, osant pour la première fois quitter le chevet du lit de la malade, pour jeter un coup d'œil sur son jardin, s'aperçut, avec une surprise mêlée de douleur, qu'il avait oublié de tailler ses rosiers, dont les branches gourmandes, allongées d'une façon démesurée, devaient nécessairement compromettre la floraison.

Pendant les premiers jours, ou plutôt pendant les premières nuits, le chevalier avait eu quelque peine à s'accoutumer à la fatigue, à la tension d'esprit, aux veilles que rendait nécessaires l'état de la pauvre malade ; mais bientôt il s'était attaché à son œuvre et y avait découvert des jouissances inconnues.

Cette lutte contre la mort avec ses péripéties, ses inquiétudes, ses angoisses, ses joies inespérées, ses craintes subites, captivait singulièrement ce cœur encore vierge de grandes émotions ; c'était un duel avec un mobile bien autrement puissant que dans un duel ordinaire : dans un duel ordinaire, on combat pour donner la mort ; le chevalier combattait, lui, pour donner la vie ; il y avait chez lui non-seulement point d'honneur, mais encore point de conscience. Lorsque la jeune fille allait plus mal, le chevalier éprouvait des rages sourdes contre la destinée, et, pendant ces accès, il sentait centupler ses forces et son courage, il se dressait au chevet de l'enfant, défiant la maladie, et l'appelant pour l'étreindre et l'étouffer ; il se demandait comment, dans son enfance oiseuse, dans sa jeunesse inoccupée, il n'avait point songé à étudier cette science de sauver les hommes, pour ne devoir à personne, pour ne devoir qu'à lui-même, à lui seul, la vie de celle qu'il appelait son enfant.

Puis, lorsqu'il s'était endormi, parfois écrasé de fatigue, et le désespoir dans le cœur, avec quelle anxiété ne venait-il pas, le matin, au chevet du lit pour y étudier la respiration oppressée de la malade! Jamais il n'avait connu de satisfaction aussi complète que celle qu'il éprouva lorsqu'il s'aperçut que le pouls de la jeune fille, d'abord lent et irrégulier, gagnait en calme et en force, que ses yeux se dégageaient de l'opacité vitreuse qui en ternissait l'éclat, que ses lèvres, blêmes jusqu'à la lividité, reprenaient leurs teintes rosées; et c'était alors avec tout l'orgueil d'un triomphateur et la plus entière bonne foi qu'il se demandait comment il existait des gens qui préférassent les jouissances mesquines et fugitives de l'égoïsme à ces chaudes et ineffables joies de la conscience s'applaudissant elle-même.

Et il oubliait, en se faisant cette question, que, pendant quinze ans, il s'était fait une religion de cet égoïsme qu'il anathématisait.

Pendant les longues journées que le chevalier de la Graverie passa au chevet de la malade sans être distrait de ses pensées par autre chose que les soins qu'il avait à lui donner, il réfléchit longuement à sa position et à celle de la jeune fille.

La paresse de son esprit, sa peur des ennuis étaient telles, que, depuis quinze ans, il n'avait jamais pris la peine d'y songer.

Il se rappelait bien avoir remis à son frère un

pouvoir que celui-ci lui avait demandé pour poursuivre la séparation de corps du chevalier et de sa femme; mais cela ne lui expliquait pas le moins du monde comment Mathilde s'était décidée à abandonner son enfant.

Depuis ses infortunes conjugales, le chevalier, n'oubliant pas la part venimeuse que son frère y avait prise, avait toujours éprouvé une vive répugnance à revoir ce frère aîné; et, depuis son retour en France, c'est à peine si, de loin en loin, il recevait de ses nouvelles, et il hésitait à lui demander un éclaircissement sur ce qui s'était passé après son départ, touchant la destinée de madame de la Graverie.

Thérèse ne revenait que très-lentement à la santé : après la terrible secousse que le choléra imprime au corps humain, ou la santé se rétablit très-rapidement, si bien qu'il y a retour immédiat de la maladie à la santé, comme il y a eu passage subit de la santé à la maladie; ou bien la convalescence languit et perpétue les craintes que l'on avait conçues pour la vie du malade.

La jeune fille était dans ce dernier cas.

Son état de grossesse compliquait la situation, et elle était toujours si languissante, que le médecin recommandait chaque jour au bon chevalier d'éviter de lui causer la moindre émotion, certain qu'il était que cette émotion pouvait avoir pour Thérèse les conséquences les plus graves.

Cependant, Dieudonné était bien impatient d'interroger Thérèse : vingt fois il avait commencé une phrase qui devait l'amener à une confidence, et vingt fois il s'était arrêté en balbutiant.

Enfin, un jour, on avait pu lever la jeune fille ; elle était assise près de la fenêtre dans le grand fauteuil du chevalier ; elle recevait avec cette volupté que l'on voit à tous les malades, la chaleur vive et pénétrante du soleil auquel elle était exposée, et la brise toute parfumée des roses du jardin caressait quelques mèches blondes qui s'échappaient de dessous son petit bonnet.

De temps en temps, elle se retournait pour regarder M. de la Graverie, qui, debout derrière elle, les deux mains appuyées sur son fauteuil, la considérait avec amour ; elle, de son côté, lui pressait la main et la baisait avec une effusion à la fois enfantine et reconnaissante ; puis elle retombait dans une profonde rêverie, et ses yeux se promenaient sur le jardin, dont les massifs de rosiers étaient en ce moment émaillés de mille fleurs de nuances différentes.

Le chevalier se pencha vers elle :

— A quoi songez-vous, Thérèse? lui demanda-t-il.

— Ce que je vais vous répondre vous paraîtra bien niais, monsieur le chevalier, répondit le jeune fille, mais je ne songe à rien, et cependant je me complais dans cette rêverie. Demandez-moi ce que je regarde quand je regarde le ciel, et je vous répondrai la même chose ; je ne regarde rien, et cependant mon œil sera fixé sur ce qu'il y a de plus grand, de plus beau, de plus incompréhensible au monde ; non, j'éprouve un bien-être ineffable, il me semble que je suis transportée dans une autre sphère que celle où j'ai vécu jusqu'ici et où j'ai tant souffert. Là où je suis transportée, tout est grand, tout est bon, comme aussi tout est beau !

— Chère petite, murmura le chevalier en essuyant une larme qui perlait au coin de son œil.

— Hélas! continua d'un ton profondément triste, en se retournant vers le chevalier, Thérèse, qui n'avait pas vu cette larme, pourquoi m'éveillez-vous? Ce bonheur comme tous les bonheurs d'ici-bas n'était qu'un rêve ; mais ce rêve était si doux et le réveil est si triste !

— Avez-vous à vous plaindre de quelqu'un ou de quelque chose, mon enfant ? Trouvez-vous les soins que l'on vous rend ici insuffisants ? Parlez ! Vous devez bien vous apercevoir cependant que le désir de vous voir heureuse est devenu ma seule préoccupation.

— Vous m'aimez donc? demanda l'enfant avec une charmante naïveté.

— Si vous ne m'inspiriez une sincère et profonde affection, serais-je pour vous ce que je suis ou plutôt ce que je tâche d'être, Thérèse?

— Mais comment et pourquoi m'aimez-vous?

Le chevalier hésita un instant avant de répondre.

— Parce que vous me rappelez ma fille, dit-il.

— Votre fille? demanda Thérèse; vous l'avez donc perdue, monsieur? Oh! je vous plains alors; car je sens que, si Dieu m'enlevait l'enfant qu'il a mis dans mon sein pour me consoler de mes misères, rien ne me retiendrait plus dans ce monde, où je ne me résigne à rester qu'en songeant à la tendresse et à l'amour que, dans l'avenir, me réserve ce cher petit être.

C'était la première fois que la jeune fille parlait de son état, et elle le faisait avec une aisance qui n'était pas de l'impudeur, mais qui cependant parut étrange à M. de la Graverie. Il jugea à propos de détourner la conversation, et il pensa que le moment était favorable pour interroger Thérèse sur son passé.

— Vous avez donc été malheureuse, pauvre chère enfant? lui demanda-t-il.

— Oh! oui! si malheureuse, que, souvent, je

me suis demandé si le Dieu des pauvres était bien le même que celui des riches. Je suis toute jeune encore, n'est-ce pas? puisque je n'ai pas dix-neuf ans; eh bien, je crois qu'il n'y a pas une des misères qu'il ait envoyées sur la terre que je n'aie connue.

— Mais votre famille?

— Ma famille, du moins celle que je connais, se composait d'une pauvre vieille femme qui ne pouvait que souffrir comme moi et qui souffrait avec moi. Oh! celle-là aussi a bien rempli sa tâche sur la terre.

— C'était... votre mère? demanda avec émotion le chevalier.

— Elle m'appelait sa fille; mais, maintenant que j'ai l'âge de réflexion, je ne crois point qu'elle pût être ma mère : elle était trop vieille pour cela ; d'ailleurs, quand je ferme les yeux et quand je cherche au fond de ma pensée, je vois bien loin, comme dans un rêve, une première enfance qui ne ressemble en rien à la seconde, c'est-à-dire à celle qui eût été la mienne si j'eusse été l'enfant de la mère Denniée.

— Et que vous disent vos souvenirs sur cette enfance? demanda vivement le chevalier. Oh! dites, dites, Thérèse! vous ne sauriez croire, vous ne pouvez comprendre quel prix j'attache à ce que vous allez me raconter; car je ne doute pas, mon enfant, que vous n'ayez assez de confiance en moi pour me dire tout ce que vous savez.

— Helas ! monsieur, je ne demande pas mieux que de vous tout dire; mais je ne me rappelle rien de bien précis; seulement, je suis bien certaine de n'avoir pas toujours été couverte des haillons qui sont devenus la livrée de mon adolescence. Je me rappelle surtout que, lorsque je passais devant les Tuileries, ma pauvre mère adoptive avait toujours à me consoler; car je pleurais en la priant de me laisser, comme dans ma première enfance, aller jouer au cerceau et à la corde sous les marronniers.

— Et pas une des figures que vous avez vues dans cette première enfance ne s'est gravée dans votre mémoire?

— Pas une! je ne me souviens ni quand ni comment j'ai passé de l'aisance ou de la richesse au galetas qu'habitait la mère Denniée; j'y ai vécu dix ans bien malheureuse, allez, monsieur! elle était bonne cependant, la pauvre femme; elle m'aimait autant que les pauvres peuvent aimer; car, quoi que l'on en dise, monsieur, cela dessèche fièrement le cœur, la misère, et, lorsqu'on n'a pas de pain, lorsque depuis vingt-quatre heures la faim frappe à votre porte, lorsqu'en regardant autour de soi l'on se trouve sans ressources, sans espérances ; lorsque Dieu est si rude à ses enfants, il est bien difficile d'être doux aux autres ! Aussi, dans ces moments-là, quand l'ouvrage n'allait pas, que nous étions forcés d'aller mendier à la porte de quelque restaurant de la barrière de Vaugirard, et que je n'avais pu rencontrer la pitié sur ma route, la mère Denniée me battait quelquefois ; mais cela ne durait pas, sa colère tombait avec mes premières larmes ; elle me demandait pardon, elle m'embrassait, je pleurais avec elle, et, pour quelques instants, nous oubliions nos misères.

— Et comment avez-vous quitté votre mère adoptive, chère enfant ?

— Hélas ! ce n'est pas moi qui l'ai quittée, monsieur, c'est elle qui est partie pour un monde meilleur que le nôtre. J'avais quinze ans dans les derniers jours de sa maladie ; elle m'avait tant exhortée au courage, à la vertu et à la résignation, que, quand je l'eus accompagnée à sa dernière demeure, quand je l'eus vue descendre dans la fosse commune, où elle allait rejoindre ses compagnons d'épreuves sur terre, et que j'eus adressé au bon Dieu une fervente prière, je me relevai plus forte et meilleure que je ne m'étais jamais sentie ; j'avais, malgré mon jeune âge, déjà entrevu les dangers qui m'attendaient dans mon isolement, et, ne pouvant, ne voulant pas les braver, je résolus de les fuir. J'allai trouver des religieuses qui me placèrent en apprentissage ; par malheur, en peu de temps, je devins une ouvrière très-habile.

— Qu'y eut-il donc de malheureux à cela, pauvre chère petite ?

Thérèse se cacha la tête entre ses mains.

— Voyons, voyons, parlez, dit le chevalier du ton le plus encourageant.

— Sans doute, il faut que je parle, répondit l'enfant, et vous qui êtes bon, vous qui êtes miséricordieux, vous pardonnerez, en votre nom et au nom du monde, à la pauvre isolée. Vous dites que vous voulez me servir de père ; il faut donc que vous surtout sachiez toute la vérité, afin de connaître votre fille adoptive ; puis il me semble que, lorsque je vous aurai tout dit, lorsque vous saurez ce qui peut rendre ma faute excusable, je serai plus à l'aise avec vous.

— Parlez, mon enfant, et comptez sur mon indulgence ; elle sera d'accord avec ma tendresse pour vous épargner ce que cet aveu peut avoir de trop pénible.

— Oh ! oui, oui, soyez tranquille, vous saurez tout, répliqua Thérèse en étendant vers le chevalier une main que celui-ci serra paternellement entre les siennes.

» A dix-sept ans, comme je vous le disais tout-à-l'heure, j'étais donc devenue la plus habile ouvrière de mon atelier, et l'on me plaça chez une des premières lingères de la rue Saint-Honoré.

» Un jour, un jeune homme, accompagné de son père, se présenta chez madame Dubois — c'est le nom de la personne chez laquelle j'étais — pour y commander différents objets qui devaient figurer dans la corbeille de noces qu'il offrait à sa fiancée ; je ne pourrais pas vous dire comment était le père, je ne vis que le jeune homme. Au premier aspect, il n'était cependant pas d'un extérieur bien remarquable. Pourquoi ne pus-je détacher mes yeux de lui? C'est ce que je ne saurais dire, à moins de mettre la chose sur le compte de la fatalité ; il me sembla, au reste, que lui-même m'avait énormément regardée, et le reste de la journée et une partie de la nuit, que je passai sans dormir, je fus toute troublée.

» Le lendemain, il revint sous prétexte d'ajouter quelques recommandations à celles qu'il avait faites la veille, et, cette fois, il me sembla qu'il me regardait avec encore plus de persistance que la première fois. Moi, ce second jour, je fus toute troublée, et à peine osai-je lever les yeux sur lui ; au moment où il avait mis la main sur le bouton de la porte pour entrer dans la chambre où j'étais, quoique je ne l'eusse point vu encore, quoique rien ne m'eût dit que c'était lui, je m'étais senti froid au cœur...

» Puis, en le voyant, au contraire, quelque chose comme une flamme avait passé dans mes veines, qui me fit bondir la poitrine pendant tout le reste de la journée; le lendemain, il revint encore, puis le surlendemain; il était si doux, si bon, si affectueux, que le sentiment vague et indéfini que, dès le premier jour, j'avais ressenti pour lui, ne tarda point à prendre un caractère plus déterminé. Je compris que je l'aimais, et le penchant qui me poussait vers lui était si impérieux, que je ne songeai point un seul instant que, dans quelques jours, il allait donner son nom et sa main à une autre qui peut-être avait déjà son cœur.

» Et cependant, celle-là, je la voulus connaître. J'avais la direction de l'atelier en l'absence de la maîtresse de la maison; un jour qu'elle était en course, je mis quelques chiffons dans un carton, je sortis et je me dirigeai vers l'hôtel où je savais que demeurait la fiancée de celui que j'aimais si follement.

» Je demandai mademoiselle Adèle de Clermont.

» C'était ainsi qu'elle s'appelait.

» On me fit longtemps attendre.

» Chaque coup de sonnette qui venait du dehors

me retentissait dans le cœur ; je croyais toujours que c'était lui.

» Enfin, on m'introduisit auprès de la jeune fille.

» Elle pouvait avoir vingt-quatre ans ; elle était grande, noire, sèche ; elle avait l'air impérieux, la physionomie méchante. Mon cœur palpita de joie. Henri, — il s'appelait Henri, — ne pouvait aimer une telle femme.

» Je prétextai quelques mesures à prendre ; puis, ces mesures prises, je sortis sous le coup d'une émotion profonde.

» J'allais descendre les dernières marches de l'escalier, lorsque ma main, qui tenait la rampe, rencontra une autre main.

» Je levai la tête et je reconnus Henri.

» Sa préoccupation égalait probablement la mienne ; car nous ne nous étions aperçus ni l'un ni l'autre.

» Ce fut lui qui parla le premier.

» — Vous ici, mademoiselle ? s'écria-t-il.

» — Oh ! pardonnez-moi, pardonnez-moi ! fis-je à mon tour ; mais je voulais la voir, je voulais la connaître.

» Je tombai dans ses bras en prononçant ces paroles. Il me serra sur son cœur, ses lèvres rencontrèrent les miennes, et il me sembla, folle que j'étais, que cette étreinte, scellée d'un baiser, nous avait unis d'un lien indissoluble.

» Le lendemain, nous nous promenions ensemble au bois de Boulogne; il me disait qu'il m'aimait, je lui répondais que je l'aimais. Pendant quinze jours, ces promenades se renouvelèrent tous les soirs. Ce fut là le temps le plus heureux de ma vie; pauvre isolée que j'étais, sans personne pour me dire si je faisais bien ou mal, j'ouvrais mon cœur au présent et fermais mes yeux à l'avenir; toute à ma tendresse pour lui, je ne lui demandais pas ce qu'il comptait faire. Je vivais au jour le jour, me contentant du bonheur de le voir, m'enivrant du plaisir de l'entendre, sans songer un seul instant que ce bonheur pût jamais me manquer.

» Un jour, il ne vint pas au rendez-vous.

» Je rentrai chez moi à moitié folle d'inquiétude; j'y trouvai une lettre de Henri.

» Cette lettre renfermait ses adieux.

» Il me disait qu'au moment de rompre avec sa fiancée, la force lui avait manqué; que l'idée de déshonorer une jeune fille par le scandale de cette rupture au moment même où l'union allait se conclure, avait triomphé de son amour; qu'il ne pouvait se décider à cesser d'être un honnête homme; qu'il serait malheureux toute sa vie de l'idée que j'aurais pu lui appartenir, et qu'il me suppliait de l'oublier pour n'être pas malheureux à la fois de son malheur et du mien.

» Hélas! je ne le pouvais plus!

» Je demandai qui avait apporté cette lettre. On me dit que c'était un jeune homme de vingt-cinq ans, habillé en militaire, et qui ressemblait de telle façon à Henri, qu'on avait cru d'abord que c'était lui.

» L'intervention de ce jeune officier jetait un mystère étrange sur cet événement.

» Mais ce qu'il y avait de réel, c'était cette lettre, cette lettre que je tenais à la main, que j'avais déjà lue et relue et qui était bien de son écriture.

» Cette lettre, c'était mon arrêt : peu importait celui qui l'avait apporté !

» Depuis que j'avais lu cette fatale lettre, le monde était vide pour moi; il me semblait que comme une ombre, j'errais dans un vaste cimetière tout semé de tombes.

» Chacune de ces tombes renfermait un souvenir de lui; je m'arrêtais sur toutes, et je pleurais.

» C'était comme un rêve.

» Lorsque je sortis de cet état d'hallucination, le jour était venu, et ce jour me faisait mal; je me demandai comment le soleil pouvait encore éclairer la terre lorsque Henri ne m'aimait plus; comment des hommes et des femmes pouvaient encore vivre, chanter, s'occuper d'affaires indifférentes, lorsque mon cœur était si désolé !

» Je résolus de fuir ce bruit, cette agitation, cette vie de Paris qui me brisait le cœur.

» Je sortis comme une folle, sans me demander où j'allais.

» Où j'allais, c'était où j'avais été avec lui.

» Machinalement, instinctivement, sans voir autour de moi, sans sentir les gens qui me heurtaient, je pris la route du bois de Boulogne, où, depuis quinze jours, il me conduisait tous les soirs.

» J'errai longtemps, m'arrêtant successivement dans tous les endroits où je m'étais arrêtée avec lui ; il me semblait que la brise, en jouant dans les feuilles, leur faisait redire les paroles d'amour que j'avais eu tant de bonheur à écouter ; je tressaillais tout à coup, croyant entendre sa voix qui m'appelait ; je m'arrêtais, croyant reconnaître la trace de ses pas sur le sable ; c'était lui que je voyais venir dans chaque homme trop loin encore de moi pour que je reconnusse ses traits.

» Je marchai ainsi pendant la plus grande partie de la journée.

» Je n'avais rien pris depuis la veille ; mais je ne songeais pas à manger : une fièvre ardente me soutenait.

» Peu à peu, le désespoir prit le dessus sur cette espèce de mirage, qui n'était, si l'on peut parler ainsi, que les dernières bouffées de l'espérance; je pensai moins à lui et davantage à moi; je mesurai l'isolement dans lequel il me laissait, comme un voyageur perdu dans un désert mesure un infranchissable horizon. Je ne compris pas que rien pût me tirer de l'abîme, me consoler, me ramener au jour, à la vie, au bonheur; vaincue par la douleur, par la fatigue, par l'insomnie, je me laissai tomber sur le gazon, au pied d'un arbre, dans un endroit isolé, et je m'évanouis.

» Lorsque je revins à moi, je n'étais plus seule; un chien noir était à mes côtés et semblait me regarder avec tendresse.

» J'entendis plusieurs fois dans le lointain retentir le nom de Black; mais le chien secouait la tête comme pour dire : « Vous pouvez appeler, je
» n'irai pas. »

» Quant à moi, je n'avais la force ni de le chasser ni de le retenir. Je le regardais d'un air hébété; car je n'avais point encore complétement repris ma raison; puis j'eus peur et tentai de l'écarter de moi avec la main; il me lécha la main avec tant d'affection, que je compris qu'il ne voulait point me faire de mal.

» Je me levai et il me suivit.

» Je commençais à me souvenir et à sortir du présent, pour rentrer dans le passé.

» — Henri ! Henri ! Henri !

» Je répétais ce nom, et, à chaque fois, mon malheur se représentait plus visible et plus douloureux devant moi.

» Je me demandai si, orpheline, sans père ni mère, jeune fille sans appui, amante sans amant, je pouvais vivre encore quand ma vie semblait être dans le besoin d'aimer et d'être aimée.

» Mon cœur me répondit que non.

» Alors, je me mis à songer avec envie à cet autre monde, dont l'âme, dont l'esprit, dont l'essence est l'universel amour.

» Dans ce monde meilleur, Dieu, qui avait mis en mon âme l'ineffable tendresse que j'avais pour *lui*, ne refuserait certes pas de me réunir à *lui*.

» Je résolus d'aller l'attendre dans ce monde des âmes, afin d'être la première qu'il trouverait en entrant.

» Je m'orientai.

» J'étais du côté de Neuilly ; j'aperçus dans le crépuscule la silhouette noire des grands peupliers qui bordent la Seine ; la rivière, c'est-à-dire la mort, n'était qu'à deux pas ; Dieu m'avait donc entendue.

» Je me dirigeai de ce côté avec une décision

aussi profondément arrêtée que si elle eût été prise dès longtemps.

» Le chien me suivit ; mais je n'y fis pas même attention.

» J'avais à peu près perdu le sentiment de tous les objets extérieurs ; je ne sais comment ils apparaissaient à mes yeux, mais ils n'arrivaient plus à mon cœur que comme une espèce de vision.

» Je m'arrêtai tout à coup ; le fleuve était devant moi, l'eau roulait sombre et rapide.

» J'étais si bien résolue à quitter la vie, que je m'y fusse précipitée à l'instant même, si je n'eusse point pensé subitement à Dieu, devant lequel j'allais paraître.

» Je tombai à genoux au bord du fleuve ; ma poitrine s'ouvrit, pour ainsi dire, afin de laisser aller droit à Dieu mon cœur et ma pensée.

» Je lui représentai que, s'il donne à chaque créature humaine sa croix à porter, il avait fait la mienne trop lourde pour mes faibles épaules, et que, tombant écrasée sous son poids, il m'était impossible de la porter plus loin ; je lui demandai de m'adoucir le suprême passage de la vie à la mort, de me recevoir dans son sein et surtout de laisser au cœur de mon Henri un germe d'amour qui pût refleurir là-haut.

» Je me relevai aussi calme que si Dieu lui-même m'eût touchée du doigt; puis, faisant un pas et fermant les yeux, je m'élançai dans le fleuve...

» Je fus soudain prise, enveloppée, roulée comme dans un linceul humide...

» Mais, au milieu du lugubre bourdonnement que faisait l'eau qui bouillonnait à mes oreilles, il me sembla entendre le choc d'un second corps au-dessus de ma tête.

» Presque immédiatement, je sentis que l'on me tirait violemment par ma robe. J'avais peur, quoique ma résolution fût bien arrêtée, oh! bien peur de la mort!

» J'avais, une fois dans l'eau, ouvert les yeux; les glauques profondeurs de la rivière m'avaient épouvantée.

» En me sentant saisir ainsi, je crus que c'était la froide main de la mort qui m'entraînait dans l'abîme...

» J'ouvris la bouche pour jeter un cri : ma bouche s'emplit d'eau, des étincelles bleuâtres petillèrent tout autour de moi, et je m'évanouis.

» Puis, et longtemps après, probablement, j'entendis autour de moi des voix humaines ; tout entière à ma pensée de mort, je me crus morte et dans ce monde tant désiré.

» Enfin, le sentiment me revenant peu à peu, je fis, pour ouvrir les yeux, un prodigieux effort.

» J'étais dans la chambre basse d'un de ces cabarets qui bordent les rives de la Seine.

» J'étais couchée sur un matelas posé sur une table.

» Je crus rêver encore.

» Mais j'aperçus, devant le feu qui éclairait la chambre, le chien noir allongé sur ses pattes et léchant avec sa langue son poil tout humide.

» Je compris alors que l'on m'avait sauvée.

» Puis, je me rappelai peu à peu — chaque chose revenant l'une après l'autre — tout ce qui s'était passé.

» Puis, tout bas, je murmurai un nom resté dans mon souvenir.

» C'était le nom du chien — Black.

» Black m'entendit-il ? Black me devina-t-il ? Le fait est qu'il se leva et vint à moi.

» Je sentis l'impression de sa langue tiède sur ma main glacée.

» Ce fut ma première sensation venue du monde extérieur.

» Je fis un mouvement et poussai un soupir.

» Tous ceux qui se trouvaient dans la chambre se groupèrent autour de moi.

» On me fit avaler quelques gouttes de vin chaud, et l'on me dressa contre des oreillers amoncelés derrière moi.

» Alors, chacun parlant à la fois et tous ensemble, j'appris ce qui était arrivé.

» Avertis par les hurlements du chien, puis par le bruit de deux corps tombant à l'eau, les braves gens qui habitaient cette maison avaient couru au bord de la rivière ; là, ils avaient aperçu le chien noir qui m'avait ramenée à la surface de l'eau, mais qui, n'étant pas assez fort pour me tirer sur la berge, suivait le courant.

» Comme je n'étais qu'à quelques pas de la rive, un marinier s'était jeté à l'eau et m'avait amenée à terre. Le reste s'expliquait tout seul.

» En ce moment entrait un magistrat, commissaire de police ou juge de paix, je ne sais lequel ; il venait d'être averti de l'événement et accourait le constater.

» Il me trouva vivante, me fit une admonestation paternelle et exigea de moi le serment de ne plus attenter à ma vie.

» On me chauffa un lit, on me coucha, et je ne quittai la maison de ces braves gens que le lendemain.

» Je tirai de ma poche le peu d'argent que j'avais, pour payer, non pas le service rendu, mais la dépense que j'avais occasionnée.

» Au premier mouvement que je fis, l'homme posa la main sur mon bras.

» Je pris cette main, que je serrai, et j'embrassai la femme.

» Puis je montai dans un fiacre que l'on avait été prendre à Neuilly, ayant bien soin de faire monter avec moi mon sauveur Black, et je revins à Paris.

» Mais mes absences continuelles depuis quinze jours, celle que la veille j'avais faite, avaient mécontenté madame Dubois, qui me signifia qu'elle m'avait remplacée.

» Je résolus de quitter Paris ; Paris m'était devenu odieux.

» J'avais été en relation, pendant le temps que j'étais restée chez madame Dubois, avec mademoiselle Francotte, de Chartres ; elle m'avait souvent dit, si je me décidais à aller en province, de songer à elle. Je montai dans la diligence de Chartres, suivi de Black, et j'arrivai chez elle, où elle me donna aussitôt une place dans son magasin...

— Mais Henri, Henri, s'écria le chevalier, vous n'avez pas eu de ses nouvelles ? il vous a abandonnée ainsi sur le point de devenir mère ? Oh ! le malheureux !

— Henri ? Oh ! non, monsieur, lui m'aimait trop pour ne pas me respecter ; je suis sortie pure de tant de doux épanchements, et, certes, je ne lui eusse rien refusé, je l'aimais tant ! mais il ne m'a jamais demandé que ces innocentes caresses que j'étais si heureuse de lui prodiguer.

— Mais alors, demanda le chevalier de la Graverie tout étonné, comment, avec un si profond attachement dans le cœur, avez-vous pu sitôt l'oublier?

— Hélas! monsieur, répondit Thérèse en secouant la tête, c'est justement cet amour pour lui qui m'a perdue, et vous ne connaissez encore que la moitié de mes malheurs.

— Achevez donc, chère enfant, achevez, si toutefois vous vous sentez assez de force pour ces tristes confidences.

— Quelques jours après mon arrivée à Chartres, continua Thérèse, comme, en portant un carton en ville, je marchais tête baissée, j'allai donner dans deux officiers qui, par plaisanterie, faisaient une chaîne de leurs deux bras et me barraient la rue; je relevai la tête, et, ayant jeté les yeux sur l'un des deux militaires, je m'écriai : « Henri! »

» Je m'appuyai contre la muraille pour ne pas tomber.

» En me voyant si pâle et près de défaillir, les deux jeunes gens me firent leurs excuses, ne pensant pas, disait celui sur lequel mon regard restait constamment fixé, qu'une innocente plaisanterie pût avoir de pareilles conséquences.

» Mais, moi, de plus en plus sous l'empire de cette vision, je redisais, les lèvres tremblantes :

» — Henri ! Henri ! Henri !

» — Mademoiselle, me dit enfin l'officier en souriant, je suis désespéré de ne pas m'appeler Henri, puisque ce nom vous rappelle de tendres souvenirs ; mais c'est mon frère qui s'appelle Henri ; moi, je m'appelle Gratien. Bienheureux que je serais si mon nom restait aussi dans votre mémoire.

» — Si vous n'êtes pas Henri, alors, par grâce, laissez-moi passer, monsieur.

» Black grognait sourdement, et menaçait de se jeter sur les officiers.

» — Mademoiselle, dit celui qui s'était nommé Gratien, nous n'avons jamais eu l'intention de vous retenir.

» — Seulement, dit le compagnon de M. Gratien, nous avons vu venir à nous une jeune fille qui marchait la tête inclinée ; nous nous sommes dit, Gratien et moi : « Une si belle personne doit avoir » de bien beaux yeux ! » Alors, nous nous sommes mis sur votre chemin pour vous forcer de lever les yeux ; vous les avez levés, nous sommes pleinement satisfaits, mademoiselle ; ils sont encore plus beaux que nous ne pouvions le supposer.

» Et, en disant ces mots, le jeune officier frisait

sa moustache d'un air si impertinent, qu'il m'effraya.

» — Messieurs ! m'écriai-je, messieurs !

» Plusieurs personnes s'étaient approchées, attirées, sans doute, par l'expression de crainte qu'il y avait dans ma voix.

» — Que faites-vous donc à cette enfant? demanda un vieux monsieur à moustaches.

» — Mais rien, absolument rien, répondit en goguenardant l'ami de M. Gratien ; quelques compliments, voilà tout.

» — De mon temps, messieurs, et quand j'avais l'honneur de porter l'uniforme, nous ne faisions aux jeunes filles que des compliments qu'elles pouvaient entendre sans pâlir et sans appeler au secours.

» Puis, se retournant vers moi :

» — Donnez-moi votre bras, mon enfant, dit-il, et venez.

» J'étais tellement émue, tellement étourdie de ce qui venait de m'arriver, que je donnai le bras au vieux monsieur, et que, aussi vite que la faiblesse de mes jambes me le permit, je m'éloignai des deux officiers.

» Au bout de cinquante pas, le vieillard me demanda :

» — Avez-vous encore besoin de moi, mademoiselle, et croyez-vous que ma protection vous soit utile encore?

» — Non, monsieur, lui répondis-je, et je vous remercie de toute mon âme.

» Puis, comme s'il était au courant de ce qui se passait dans mon cœur :

» — Oh ! lui, dis-je, c'est qu'il ressemblait tant à Henri.

» Et, le remerciant une seconde fois, je m'éloignai.

» Le vieux monsieur me suivit des yeux avec étonnement; en effet, je dus lui paraître folle !...

XIII

— La surprise. —

» En rentrant au magasin de mademoiselle Francotte, poursuivit Thérèse, je prétextai un violent mal de tête, et demandai la permission de me retirer un instant dans l'arrière-boutique.

» J'avais besoin de reprendre mes esprits.

» J'étais si pâle, que l'on ne douta point un instant de mon indisposition. Mademoiselle Francotte elle-même voulut me soigner; mais je la priai de me donner un verre d'eau et de me laisser seule.

» Elle fit ce que je demandais.

» Une fois seule, je me mis à réfléchir.

» Alors, je me rappelai cette lettre apportée au magasin de madame Dubois, en mon absence, par un officier qui ressemblait tellement à M. Henri, qu'on l'avait pris pour lui.

» Je me rappelai l'exclamation du jeune officier s'écriant :

» — Ce n'est pas moi qui m'appelle Henri : c'est mon frère.

» Je me rappelai, en outre, que Henri, une ou deux fois, m'avait parlé d'un frère jumeau qu'il avait, et qui était tout son portrait; tellement, que dans leur enfance, les parents des deux enfants, pour les reconnaître, étaient forcés de leur faire mettre des vêtements de couleurs différentes.

» Tout s'expliquait. Gratien était venu pour le mariage de Henri, et Henri avait chargé Gratien, son meilleur ami, de porter au magasin la lettre qui avait failli causer ma mort.

» Le mariage fait, Gratien était venu reprendre sa garnison à Chartres. Je l'avais rencontré la veille; j'avais cru rencontrer Henri; rien de plus simple que tout cela.

» Seulement, pour moi, avec ma disposition de cœur et d'esprit, tout devenait une menace.

» En ce moment, j'entendis se refermer la porte de la rue, et, à travers le double vitrage qui me séparait du magasin, je vis entrer un jeune officier que je reconnus pour Gratien.

» Il venait acheter des gants.

» Sans doute, intrigué de l'aventure, il m'avait suivie ou s'était informé, et l'achat des gants n'était qu'un prétexte pour savoir qui j'étais.

» Je m'appuyai toute tremblante sur une commode dont le marbre rafraîchissait mes mains brûlantes. Il resta près d'un quart d'heure dans le magasin sous différents prétextes, et s'en alla en jetant un regard désappointé autour de lui.

» Cette station dans le magasin n'étonna point, d'ailleurs, mademoiselle Francotte. Comme nous étions là quatre ou cinq jeunes filles, dont la plus âgée n'avait pas vingt ans, ces messieurs de la garnison, sous prétexte de commander des chemises ou d'acheter des gants, faisaient de fréquentes visites au magasin. Mademoiselle Francotte y trouvait son compte, et nous recommandait deux choses : bonne mine et doux sourires au magasin, sévérité partout ailleurs.

» Maintenant que le jour s'était fait dans mon esprit, je n'avais plus aucune raison de rester dans l'arrière-boutique ; je rentrai donc dans le magasin et repris ma place accoutumée au comptoir.

» Ces demoiselles parlaient du bel officier qui venait de sortir. C'était la première fois qu'on le voyait chez mademoiselle Francotte, et vous vous figurez bien ce que quatre langues de quinze à dix-huit ans avaient à dire sur un bel officier de vingt-cinq.

» On me plaignit fort de ne pas avoir été là quand il était venu.

» Mais on le reverrait bien certainement : il était resté un quart d'heure ; sans doute, en restant un quart d'heure, avait-il une intention.

» J'écoutais ce bavardage, les yeux fermés, et sans y mêler une parole ; moi seule eusse pu jeter la lumière sur la discussion, mais je n'avais garde.

» Le lendemain, j'eus à sortir. Ce ne fut qu'en tremblant que je mis le pied dehors. J'avais peur de rencontrer M. Gratien, et, en même temps, je mourais d'envie de le voir : il n'y avait qu'avec lui que je pouvais parler de Henri, et mon pauvre cœur avait soif de cette joie.

» Au reste, à peine avais-je fait cent pas, que je rencontrai le jeune officier.

» Je restai clouée à ma place.

» Il s'approcha de moi.

» — Mademoiselle, me dit-il, veuillez recevoir

mes excuses pour la frayeur que nous vous avons causée, mon camarade et moi. Je n'avais pas attendu à aujourd'hui pour vous les faire, et, quand j'ai appris dans quel magasin vous étiez, je me suis empressé de m'y présenter. Mais vous étiez absente, et, dans l'ignorance où j'étais de votre nom et la crainte de commettre une indiscrétion, je n'ai point osé m'informer de vous. Je remercie donc le hasard qui fait que je vous rencontre aujourd'hui, et qui, par conséquent, me permet de vous dire tous les regrets que j'ai éprouvés en voyant la fâcheuse impression que produisait sur vous ma présence.

» — Monsieur, lui répondis-je, vous vous êtes trompé ; et cette impression, dont vous ignorez la cause réelle, a sa source dans un tout autre sentiment que la répulsion.

» — Comment! mademoiselle, interrompit Gratien, il se pourrait que je fusse assez heureux...?

» Je l'interrompis à mon tour.

» — Monsieur, lui dis-je, une explication était nécessaire entre nous. Je ne l'eusse point cherchée ; mais je ne l'éviterai pas. Vous êtes bien M. Gratien d'Elbène, n'est-ce pas?

» — Comment savez-vous mon nom?

» — Frère de M. Henri d'Elbène? continuai-je.

» — Sans doute.

» — Au moment du mariage de M. votre frère avec mademoiselle Adèle de Clermont, vous êtes venu à Paris, n'est-ce pas?

» — Oui.

» — Vous fûtes alors chargé par lui de remettre une lettre à une jeune fille qu'il avait aimée...

» — Qu'il aime encore et qu'il aimera toujours, répéta Gratien.

» — Oh! m'écriai-je en lui prenant les deux mains et en éclatant en sanglots, dites-vous la vérité?

» — Mon Dieu! fit Gratien, seriez-vous Thérèse?

» — Hélas! monsieur...

» — La pauvre enfant qui a voulu se noyer?

» — D'où savez-vous cela?

» — Par lui. — Il l'a appris; il a été chez madame Dubois; mais vous étiez partie, et l'on n'a pu lui dire où vous étiez allée, ni ce que vous étiez devenue. Oh! qu'il va être heureux de savoir que vous vivez toujours et que vous ne le maudissez pas!

» — Je l'aimais trop pour le maudire jamais, murmurai-je.

» — Me permettez-vous de lui donner cette assurance?

» — Henri connaît mon cœur, et j'espère qu'il n'en a pas besoin.

» — N'importe! demain, il saura que vous êtes ici, et que j'ai eu le bonheur de vous voir.

» Je poussai un soupir en essuyant mes larmes.

» — Mais vous voir n'est point assez; c'est vous revoir qu'il me faut. Vous l'aimiez?

» — Oh! de toute mon âme.

» — Eh bien, nous parlerons de lui.

» — Il ne m'est pas plus permis maintenant de parler de lui qu'il ne m'est permis de l'aimer.

» — Il est toujours permis d'aimer un frère et de parler d'un frère; nous parlerons de lui comme d'un frère.

» — Oh! ne me tentez pas, lui dis-je; je n'y suis déjà que trop disposée, mon Dieu! Laissez-moi, non pas oublier, c'est impossible, mais laissez-moi me taire.

» — La seule consolation qui reste d'un malheur irréparable, c'est de pleurer et de se plaindre. Plaignez-vous à moi, pleurez avec moi; je vous dirai combien il vous aimait, combien il a combattu, lutté, souffert; je vous dirai surtout combien il vous aime encore.

» — Oh! taisez-vous, taisez-vous, lui dis-je en appuyant mes mains sur mes oreilles pour ne pas entendre.

»— Oui, vous avez raison, dit-il, ce n'est point ici, au milieu de cette rue, que nous pouvons rappeler de pareils souvenirs ; j'aurai l'honneur de me présenter chez vous, et j'espère que vous me ferez la grâce de me recevoir.

» Et il me salua et s'éloigna avant que je pusse lui répondre.

» Je rentrai chez mademoiselle Francotte, toute préoccupée de cette entrevue ; j'étais effrayée moi-même du désir intérieur que j'éprouvais de revoir Gratien pour parler avec lui de Henri ; mais, cependant, je comprenais la nécessité de fuir cette irrésistible tentation. Je demandai, en conséquence, à mademoiselle Francotte si elle ne pouvait point me loger chez elle, offrant, dans ce cas, de faire une diminution sur mes appointements. Par malheur, toute la maison était occupée, et il fut impossible à mademoiselle Francotte de m'accorder ma demande.

» J'occupais, dans la rue du Grand-Cerf, une petite chambre au troisième étage, où je me retirais tous les soirs vers neuf heures, c'est-à-dire aussitôt le magasin fermé.

» Les dimanches, à partir de midi, j'étais libre.

» Comment Gratien était-il parvenu à connaître mon adresse, je n'en sais rien ; mais, le même soir, au moment où je rentrais chez moi, je le trouvai dans la rue, à la porte de la maison que j'habitais.

» Je vous dis tout, monsieur, c'est ma confession que vous recevez; je vous dois donc compte de mes sentiments, de mes pensées même, aussi bien que de mes actions. Eh bien, ce fut moins avec une impression de crainte qu'avec une sorte de joie, que je reconnus Gratien.

» C'est si vrai, que je fis un mouvement pour m'élancer vers lui.

» Il le vit, et de ce moment comprit sans doute tout le pouvoir qu'il pouvait prendre sur moi.

» D'ailleurs, il débuta par quelques mots qui m'eussent ôté tout mon courage, au cas où j'aurais eu la force de le repousser.

» — En vous quittant aujourd'hui, me dit-il, j'ai écrit à Henri; je lui ai dit que je vous avais vue, que vous l'aimiez toujours. J'aurai une lettre de lui après-demain.

» — Ah! monsieur, lui dis-je sans force aucune contre ces paroles, que voulez-vous de moi en me rappelant de pareils souvenirs et en réveillant un semblable amour? Vous me perdez.

» Et, m'appuyant à l'angle de la porte, je me mis à pleurer.

» —Mademoiselle, dit-il, je n'insisterai pas aujourd'hui; l'état dans lequel je vous trouve me fait un devoir d'être discret; mais, après-demain dimanche, aussitôt le magasin de mademoiselle Francotte fermé, j'aurai l'honneur de me présenter chez vous.

» — Oh! monsieur! m'écriai-je, que dira-t-on en vous voyant venir chez moi? Impossible! impossible!

» — Rassurez-vous, mademoiselle, me dit-il, le hasard fait que notre chef d'escadron demeure dans la même maison que vous. Je suis appelé chez lui presque tous les jours par mon devoir, et, en dehors du devoir, par notre amitié; il loge au second, vous logez au troisième; je sors de chez lui, je monte chez vous, personne ne le sait; on me voit sortir; je vais chez M. Lingard, où je viens de faire mon service, personne ne peut trouver à redire à cela.

» Et, toujours sans attendre ma réponse, Gratien me salua respectueusement, et se retira.

» Ma nuit fut une longue insomnie, ma journée du lendemain une longue attente.

» J'attendis l'heure à laquelle je devais voir Gratien, avec autant d'impatience que j'attendais autrefois celle où je devais voir Henri. Il est vrai que c'était toujours Henri que j'attendais.

» A midi dix minutes, j'étais chez moi. A midi et demi, on frappait doucement à ma porte.

» — A-t-il répondu? demandai-je à Gratien en lui ouvrant.

» — Tenez, me dit-il en me présentant une lettre toute dépliée, lisez, et vous verrez si j'ai menti en vous disant qu'il vous aimait toujours.

» Je pris avidement la lettre, et courus à la fenêtre, moins pour y voir que pour m'isoler.

» Pendant que je lisais, j'entendais Black gronder sourdement; deux ou trois fois je m'interrompis pour le faire taire; mais, pour la première fois, il ne m'écouta point.

» Oui, la lettre, pour mon malheur, était bien telle que me l'avait promise Gratien. Henri m'aimait toujours, il n'aimait que moi, il était malheureux et regrettait de n'avoir pas eu la force de rompre le mariage qui faisait son malheur.

» Lorsque j'eus lu et relu la lettre de Henri, je voulus la rendre à Gratien.

» — Oh! dit-il, gardez-la, mademoiselle; cette lettre, en réalité, ne m'est point adressée; mais bien à vous. Qu'en ferais-je?

» Et il repoussait ma main avec un soupir.

» J'appuyai mes lèvres sur la lettre, et la cachai dans ma poitrine.

» Gratien restait debout.

» Je lui fis signe de s'asseoir.

» Il comprit alors qu'il n'avait qu'un moyen de prolonger sa visite : c'était de me parler de Henri.

» Une heure s'écoula comme une minute ; il y avait parade à deux heures. Gratien me quitta le premier.

» Je fus sur le point de lui demander : « Quand vous reverrai-je ? » Par bonheur, je me retins.

» Gratien parti, je fermai ma porte au verrou, comme si je craignais d'être dérangée, moi qui ne recevais aucune visite, si ce n'est de temps en temps celle d'une des jeunes filles de mademoiselle Francotte.

» Une fois seule, je m'assis sur un petit canapé, près de la fenêtre, et, la tête de Black allongée sur mes genoux et me regardant avec ses grands yeux humains, je me remis à lire cette lettre.

» Vous comprenez, n'est-ce pas ? que ce fut une occupation de toute la journée.

» Le lendemain, je ne vis Gratien ni dans la journée, ni le soir.

» J'entendis sonner dix heures, onze heures, minuit, sans me coucher.

» J'attendais.

» Je ne pouvais croire que je resterais toute cette soirée sans parler de Henri.

» Je me rejetai sur la lettre, que je lus et relus ; je m'endormis, cette lettre sur mon cœur.

» Le lendemain, toute la journée se passa sans que j'entrevisse Gratien.

» J'espérais, en rentrant, le retrouver à ma porte; il n'y était pas.

» Je remontai chez moi et j'allumai ma bougie.

» Pour la centième fois je relisais la lettre de Henri lorsque j'entendis gronder Black; je compris, même avant d'avoir entendu le bruit de ses pas, que c'était Gratien qui montait.

» Un instant après, on frappait à la porte.

» Je criai : « Entrez! » avec une émotion à laquelle Gratien put se méprendre.

» — Ah! lui dis-je, emportée par mon premier mouvement, comment ne vous ai-je pas vu hier?

» Je n'achevai même point la phrase. Mais, par malheur, elle n'avait pas besoin d'être achevée.

» — Je n'ai point osé, répondit Gratien : vous m'aviez manifesté sur la fréquence de mes visites des craintes que j'ai parfaitement comprises, quoiqu'elles fussent exagérées. J'ai voulu vous prouver que je pouvais être dévoué, mais non indiscret.

» Je baissai les yeux, car je sentis qu'il fallait être moi-même pour bien comprendre le sentiment qui me faisait agir; mais, en baissant les yeux, je lui fis signe de s'asseoir près de moi.

» La soirée dura une seconde; comme l'avant-veille, Gratien ne me parla que de Henri. Minuit sonna, que je croyais Gratien entré depuis quelques minutes seulement.

» Je descendis pour ouvrir moi-même la porte à Gratien. Il n'avait point l'habitude de sortir si tard de chez M. Lingard, et, le lendemain, une question faite aux domestiques pouvait tout révéler.

» Comme c'est l'habitude en province, où chaque locataire a sa clef, j'avais la mienne, et je pus mettre Gratien hors de la maison, sans qu'il fût ni vu, ni entendu de personne.

» Maintenant, ce que je viens de vous raconter fut l'histoire de trois mois de ma vie. Le premier mois, je dois rendre justice à Gratien, il ne me parla absolument que de son frère. Le second mois, il hasarda quelques mots sur lui-même.

» A ces quelques mots, je le sais bien, j'eusse dû l'arrêter, et, s'il recommençait, lui fermer ma porte; mais, songez-y bien, j'étais seule, sans personne au monde, à qui demander un appui ou un conseil. J'avais autour de moi l'exemple de toutes mes compagnes, sur lesquelles je n'avais aucune supériorité, ni de fortune, ni de position. Ce vague souvenir qui, dans ma jeunesse, brillait encore comme une aube lointaine d'une première enfance joyeuse et brillante, s'effaçait tous les jours un peu plus. Je savais ce que l'on souffre d'amour, et je plaignais Gratien de m'aimer. Vis-à-vis de lui, je me sentais parfaitement sûre de moi; d'ailleurs, j'avais en Black un gardien incorruptible. Je ne souffrais point, soit chez moi, soit à la promenade, qu'il nous quittât un instant, et je l'eus bientôt dressé à un petit manége qui dérouta tous les plans de Gratien ; mais, un soir, le chien me quitta...

Le chevalier de la Graverie frissonna ; car il entrevit du premier coup d'œil les conséquences que son rapt allait avoir pour la pauvre jeune fille. Sa main chercha la sienne, il la porta à ses lèvres et la baisa pieusement.

— Continuez, murmura-t-il ; car la jeune fille, étonnée et de son action et de l'expression de son visage, s'était arrêtée et le regardait.

— Eh bien, je vous dirai donc qu'un soir mon chien me quitta. J'étais désolée de la perte de mon chien. Gratien parut partager ma douleur et courut de son côté, à ce qu'il me dit, du moins. Je courus du mien, de façon à mécontenter mademoiselle Francotte ; mais j'aimais mieux risquer de l'irriter et retrouver mon pauvre Black. Il me semblait que j'avais perdu mon gardien, et que, tant que je ne l'aurais pas retrouvé, j'étais sous le poids de quelque malheur inconnu mais imminent.

» Un soir, vers six heures, je reçus une lettre d'une écriture inconnue ; elle était signée : Madame Constant.

» Elle était conçue en ces termes :

« Mademoiselle Thérèse,

» On dit que vous avez perdu un chien auquel vous teniez beaucoup, que ce chien est un épagneul noir avec une seule tache blanche à la gorge. Mon mari en a trouvé, voilà tantôt huit jours, un dont le signalement est le même. Voulez-vous, ce soir, vous assurer si ce chien est bien le vôtre? Dans ce cas, quelque peine que cela nous fasse de le quitter, nous nous empresserions de le rendre à sa légitime propriétaire.
» J'ai l'honneur, etc.

» F^e Constant.

» Rue Saint-Michel, 17, au second. »

» Je jetai un cri, et, sans donner d'explications à personne, je pris mon châle et mon chapeau, et sortis.
» En un instant, je fus rue Saint-Michel; je montai au second du n° 17, et je sonnai.
» Une vieille femme vint ouvrir.
» — Madame Constant? lui demandai-je.
» — Êtes-vous mademoiselle Thérèse?
» — Oui.
» — Vous venez pour un chien?
» — Oui.

» — Eh bien, entrez dans cette chambre, je vais prévenir madame.

» On me fit entrer dans une chambre.

» J'y étais depuis cinq minutes à peine, qu'une porte s'ouvrit ; le bruit me fit tourner la tête.

» Je poussai un cri, un seul :

» — Henri !

» Et je me jetai dans les bras de celui qui venait d'ouvrir la porte...

» Le lendemain matin, j'étais dans ses bras encore ; seulement, j'y étais pleurante et désespérée.

» Gratien, comprenant qu'il n'obtiendrait jamais rien de moi et que son frère avait tout mon amour, Gratien que j'avais constamment vu en officier, Gratien avait revêtu les habits de son frère, ceux-là mêmes qu'il portait la dernière fois que je l'avais vu, et m'était apparu sous ces habits.

» A sa vue, mes forces m'avaient abandonnée ; mon amour seul était resté en moi et avait disposé de moi.

» La ressemblance entre ces deux jumeaux était telle, que j'y avais été trompée. Ce ne fut que le lendemain que Gratien m'avoua tout...

— Oh ! le misérable ! s'écria le chevalier de la Graverie.

— Il n'avait point agi de son propre mouvement

mais d'après les conseils d'un de ses amis, nommé Louville.

— Je le connais ! s'écria le chevalier. Continuez, mon enfant, continuez.

FIN DU DEUXIÈME VOLUME.

TABLE DES CHAPITRES.

I. L'homme propose et Dieu dispose. . . 7
II. Retour en France 25
III. Où le chevalier rend les derniers devoirs au capitaine et se fixe à Chartres. 36
IV. Où l'auteur reprend le cours de sa narration interrompue. 49
V. Hallucination. 69
VI. Où Marianne est fixée sur les préoccupations du chevalier 90

VII.	Les deux sous-lieutenants	107
VIII.	Où M. le chevalier de la Graverie passe par des angoisses inexprimables. . .	119
IX.	Où la force armée ramène la tranquillité dans la maison.	130
X.	Où Black conduit le chevalier	148
XI.	Le chevalier garde-malade.	157
XII.	Où un rayon commence à filtrer à travers les nuages.	175
XIII.	La surprise.	203

FIN DE LA TABLE.

OUVRAGES PARUS OU A PARAITRE :

LES SECRETS DE L'OREILLER, par E. Sue.	6 vol.
CAUSERIES, par Alexandre Dumas.	4 »
VOYAGE EN ABYSSINIE, par A. Vayssières	2 »
LE BOSSU, par Paul Féval	6 »
LES RUINES DE PARIS, par Ch. Monselet	2 »
LES GENTLEMEN DE GRANDS CHEMINS, par Marie Aycard	2 »
HISTOIRE DE LA MODE EN FRANCE, par É. de la Bédollière	1 »
CE QU'ON A DIT DES ENFANTS, par E. Deschanel	1 »
LA SUCCESSION LE CAMUS, par Champfleury	3 »
LES CHAUFFEURS, par Elie Berthet	5 »
LES PROPOS AMOUREUX, par Champfleury	1 »
CONFESSIONS DE SYLVIUS (la Bohême amoureuse), par le même	1 »
HISTOIRE DE RICHARD LOYAUTÉ ET DE LA BELLE SOUBISE, par le même	1 »
LES DETTES DE COEUR, par A. Maquet	2 »
AVATAR, par Théophile Gautier	1 »
LA JETTATURA, par le même	1 »
CHARLES LE TÉMÉRAIRE, par Alexandre Dumas	2 »
LE CHASSEUR DE SAUVAGINE, par le même	2 »
L'HOMME AUX CONTES, par le même	1 »
LE CADET DE FAMILLE, par Alex. de Lavergne	3 »
SÉRAPHINA DARISPE, par A. de Bréhat	1 »
SCÈNES PARISIENNES, par H. Monnier	1 »
HISTOIRE DE LA CONVERSATION, par Émile Deschanel	1 »
HISTOIRE D'UN HOMME ENRHUMÉ, par Stahl	1 »
ESPRIT DE CHAMFORT, par P.-J. Stahl	1 »
HISTOIRE D'ATELIER, par Edmond About	1 »
DICTIONNAIRE DES VICES ET DES DÉFAUTS DES FEMMES, par Larcher	1 »
ANTHOLOGIE FÉMININE, par le même	1 »
HISTOIRE DU DIABLE, par A. Morel	3 »

www.ingramcontent.com/pod-product-compliance
Lightning Source LLC
Chambersburg PA
CBHW051911160426
43198CB00012B/1838